AMORES QUE MATAM

Quando um relacionamento inadequado pode ser tão perigoso quanto usar uma droga

PATRICIA FAUR

AMORES QUE MATAM

Quando um relacionamento inadequado pode ser tão perigoso quanto usar uma droga

Tradução de MARLOVA ASEFF

www.lpm.com.br

Coleção **L&PM** POCKET, vol. 1078

Texto de acordo com a nova ortografia.
Título original: *Amores que matan*

Primeira edição na Coleção **L&PM** POCKET: novembro de 2012
Esta reimpressão: agosto de 2022

Tradução: Marlova Aseff
Capa: Ivan Pinheiro Machado. *Ilustração:* Alenavlad/Shutterstock
Preparação: Simone Diefenbach
Revisão: Viviane Borba Barbosa

CIP-Brasil. Catalogação na Fonte
Sindicato Nacional dos Editores de Livros, RJ.

F268a

Faur, Patricia
　Amores que matam: quando um relacionamento inadequado pode ser tão perigoso quanto usar uma droga / Patricia Faur; tradução Marlova Aseff. – Porto Alegre, RS: L&PM, 2022.
　192p. : 18 cm　　(Coleção L&PM POCKET; v. 1078)

　Tradução de: *Amores que matan*
　Inclui bibliografia
　ISBN 978-85-254-2721-2

　1. Amor - Aspectos psicológicos 2. Comportamento compulsivo 3. Relação homem-mulher. I. Título.

| 12-5586. | CDD: 155.64 |
| | CDU: 159.922.1-055.2 |

© Patricia Faur, 2008

Todos os direitos desta edição reservados a L&PM Editores
Rua Comendador Coruja, 314, loja 9 – Floresta – 90.220-180
Porto Alegre – RS – Brasil / Fone: 51.3225.5777 – Fax: 51.3221.5380

Pedidos & Depto. Comercial: vendas@lpm.com.br
Fale conosco: info@lpm.com.br
www.lpm.com.br

Impresso no Brasil
Inverno de 2022

Para Eduardo

Para Rosita, Regina, Roberto, Eduardo, Hilda e Viviana

Para Michi, Nico, Flor, Alex, Cande

Os bons amores

SUMÁRIO

Agradecimentos 11
Prólogo 13
Introdução...17

PRIMEIRA PARTE
O vício em relacionamentos
1.1. Um vício sem substância 23
1.2. "Sem você, eu morro; com você, também" 27
O último round 36

SEGUNDA PARTE
O começo
2.1. A paixão 39
Fiquei sem "voz" 42
2.2. A primeira tragada 44
Picasso: uma pincelada fatal 50
2.3. A embriaguez do amor 52
O "verso" do capitão 56
A última névoa 57
2.4. Conheço você de algum lugar 59
A discípula temida 61
A que morreu de amor 63
2.5. Para dançar tango, é preciso dois 65
Star 80 67
Até que o fogo nos separe......................................68

TERCEIRA PARTE
A desilusão
3.1. O ocaso dos deuses ou o rompimento da paixão 71
O último filme de Marie 75
O céu é o limite..................76
3.2. Golpes que não deixam marcas visíveis: a violência emocional..................78
Paz e amor... E morte..................90

QUARTA PARTE
Quando ajudar faz mal
4.1. S.O.S. Codependência: os salvadores e os resgatadores 95
A Terra do Nunca 102
O caso da atriz e do poeta bêbado..................104
113 Punhaladas 105

QUINTA PARTE
Estresse conjugal
5.1. Vínculos estressores ou protetores? 107
Eu me desvelava por ela 112
Um presente fatal..................114
5.2. Psicoimunoneuroendocrinologia: estresse conjugal..................115
O fantasma de Felicitas..................122
Balada de uma louca..................124

SEXTA PARTE
Dependências afetivas
6.1. As dependências afetivas no contexto científico 127

SÉTIMA PARTE
A recuperação
7.1. Intimidade: amar de cara limpa 135
7.2. Deixar de ser vítima 138
7.3. Resiliência: a transformação é possível............142
*Testemunhos anônimos das integrantes do grupo
  de dependências afetivas* 146
7.4. O caminho da recuperação...............................156

Bibliografia sugerida para dependências afetivas...181

AGRADECIMENTOS

À Marilén Stengel, escritora que propiciou este livro e soube estar no momento certo com a palavra exata.

À Dra. Elena Levin, psiquiatra, pesquisadora da alma da mulher, amante de ópera, um modelo para seguir na profissão e na vida.

Aos meus professores da Universidade Favaloro, que me transmitiram a paixão pela neurociência.

Aos meus pacientes, que confiam em mim e me permitem entrar em suas vidas.

Às mulheres do grupo das terças-feiras, que, com sua sabedoria, me ensinaram tudo o que sei sobre dependências afetivas.

PRÓLOGO

O MAL-ENTENDIDO AMOROSO

Por Sergio Sinay

"Está com o mal de amor", costumava-se dizer de quem tinha o coração sangrando pela ferida de uma decepção, de um fracasso ou de uma impossibilidade afetiva. O mal de amor passou a ser uma descrição glamorosa da angústia sentimental. E, de passagem, entranhou-se em nossa cultura a crença e a aceitação de que se pode sofrer por amor. E também que se sofre, de fato, por causa disso. Essa crença, que, como todas as crenças, ganhou força de lei, tem rendido muito material aos poetas (bons e maus), romancistas (talentosos e medíocres), compositores (criativos e vulgares) e permitiu que muitos sofredores anônimos se convencessem de que, ao longo de suas vidas, amaram muito porque sofreram muito. No entanto, esse fenômeno foi de pouca serventia para o amor e, de fato, o desvirtuou. Porque quem sofreu muito sofreu muito, mas não necessariamente amou muito.

Entre todas as definições possíveis do amor, subscrevo a que o especifica como a capacidade de perceber o outro, de cuidá-lo, de ter empatia por ele. Quando em um relacionamento duas pessoas compartilham e trocam essa capacidade, criam amor. Porque o amor é uma criação, é a soma de atitudes, de experiências, de uma história comum, de um trabalho cotidiano.

Como diria Víktor Frankl, é a vontade de sentido, ou seja, a vontade de desentranhar o sentido da própria existência. O amor não é, então, nem magia nem sorte; não é algo que nos cabe ou não nos cabe (como se os vínculos humanos fossem um jogo de azar). O amor é fruto de uma atitude responsável frente ao outro.

Entendido dessa maneira, o amor é experimentado como uma energia reparadora, curativa, nutritiva. Dá significado, sentido e transcendência à vida. O amor não gera sofrimento, não fere, não é motivo de maus-tratos, não confunde as pessoas, não as menospreza nem as anula. E, sobretudo, é uma via de mão dupla. Amar e ser amado são dois fatos indivisíveis e simultâneos. E não se esgotam em palavras e declarações, mas podem ser verificados nos atos. Isso que acabou sendo chamado de mal de amor é, em todo caso, um mau amor. E o mau amor, sejamos sinceros, não é amor, ainda que use o seu nome.

Poucos trabalhos são tão oportunos e necessários, nesse contexto, como este livro de Patricia Faur: uma obra que, com uma linguagem precisa e sensível, com uma aproximação lúcida e, neste caso, sim, amorosa ao tema e aos seus protagonistas e doentes, desmitifica de maneira implacável esse processo pelo qual tantas pessoas caem na armadilha das obsessões, das fantasias, das ilusões, até o ponto de ficarem alienadas de si mesmas e submetidas ao outro (real ou imaginário, de forma voluntária ou involuntária) até perder os próprios limites, suas capacidades, seu discernimento, sua liberdade, sua saúde e, com frequência, a própria vida.

Este livro pode ser lido (eu o li assim) como um romance de suspense emocional. Sabemos desde o começo que o desenlace será trágico e ainda assim não podemos deixar de ler. E mais, o desenlace está no começo, e vamos logo à procura das causas dele. Ingressamos, pelas mãos de uma autora que conhece o tema profundamente, nas zonas mais obscuras da psique, nas penumbras da consciência, nesse território misterioso da mente humana no qual fermentam as condutas mais inexplicáveis, as que podem transformar pessoas cheias de possibilidades e recursos em simples despojos. *Amores que matam* oferece explicações para o inexplicável. Como os Médicos sem Fronteiras, como os membros da Cruz Vermelha, Patricia Faur atua há muito nas trincheiras de uma guerra muda, a qual os meios de comunicação abordam apenas de forma esporádica e errônea, e que faz uma quantidade enorme de vítimas a cada dia. Como os grandes correspondentes, Patricia não é uma observadora impávida e ascética, não se limita a descrever, compromete-se com o sofrimento que conhece como ninguém porque recolhe os feridos, os ajuda a se curar, trabalha com eles, tem uma profunda empatia, os entende, não os julga. O resultado está nas páginas que se seguem. É um trabalho que será, não tenho dúvidas, obrigatório na hora de procurar entender a obscura trama da dependência afetiva e no momento de procurar desenredá-la com cuidado, com afeto, com tempo. Com amor do bem.

Amores que matam é um livro que fará muito bem a quem estiver preso numa armadilha afetiva sem saída aparente. Irá ajudá-lo a encontrá-la. Fará muito bem a quem tiver passado alguma vez por essa zona, será uma leitura reparadora. E será muito útil para quem trabalha com pessoas, para ajudá-las a sair desses pântanos afetivos tão recorrentes e aos quais a nossa cultura não cessa de alimentar com falsas ideias sobre o amor. Pela experiência, pela capacidade de escutar e registrar, pela riqueza do seu pensamento, pela sensibilidade e pela qualidade de seu estilo de comunicação, poucas pessoas estão mais autorizadas do que a autora a se aprofundar no tema da maneira que ela faz aqui.

O amor, é preciso dizer, não aprisiona nem submete. O amor liberta. A leitura deste livro produz esse mesmo efeito.

Sergio Sinay,
OUTUBRO DE 2007.

INTRODUÇÃO

Quando falamos de amor, é muito difícil que todas as pessoas se refiram a um mesmo significado. Com esse conceito, denominamos experiências tão diferentes como a ternura, a paixão, o apego, a posse, a obsessão, o ciúme, a amizade, o erotismo, a atração sexual. Para muitos, é a experiência mais importante e feliz de suas vidas. Para outros, é sinônimo de dor, sofrimento e agonia.

Os registros desse sentimento são tão diferentes que, ao tentar escrever este livro, eu tropeçava sempre na dificuldade de definir com precisão o tipo de amor a que iria me referir.

É que, a rigor, não falaremos do amor, do verdadeiro amor. Não falaremos do amor que atravessa as décadas com a ternura e a convicção de se saber querido por alguém. Não vamos nos referir ao amor sadio, que faz com que nos alegremos com a felicidade do outro. Tampouco se trata do sentimento no qual o ato de dar e de receber é recíproco e prazeroso.

Vamos nos centrar em algo mais parecido com o desamor, o mau amor, a obsessão, a dor de sentir que "morro por ele", "morro sem ele" ou "morro com ele". Trata-se de uma sensação que tem muito a ver com o abandono, o vazio, o medo e com um nível de desamparo que leva muitas pessoas a se apegarem desesperadamente a alguém, sem se importar com quem nem de que modo.

Chamaremos de vínculos dependentes devido às semelhanças que possuem com a dinâmica de outras drogas. E falar de vício nos remeterá invariavelmente à dependência. Existem relações tão tóxicas quanto usar uma droga. Relações que acarretam dor e sofrimento e das quais não se pode sair, apesar do estrago que causam.

Há um grau de dependência doentia em que acreditamos não sermos nada sem o outro, em que essa outra pessoa é tão imprescindível para a nossa sobrevivência quanto um respirador artificial quando falta oxigênio. Este livro tratará dessas dependências afetivas. Desses vínculos nos quais "nos injetamos em alguém". A relação apresenta-se então com os mesmos efeitos do impulso para o cocainômano, da ingestão para o obeso, da tragada para o fumante, do copo para o alcoólatra, da aposta para o jogador. Não se consegue viver sem ela e, ao mesmo tempo, é o caminho do inferno.

O modelo da dinâmica dos vícios nos proporcionou uma explicação para entender o fenômeno: muitas pessoas se aferram a uma substância, a uma pessoa ou a uma conduta para negar uma realidade emocional que lhes é intolerável. Não percebem que esse caminho as levará a uma realidade muito mais cruel. Beber para esquecer, fumar para sentir-se acompanhado, jogar para sentir-se poderoso, trabalhar para fugir do lar ou se relacionar afetivamente a qualquer preço para esquecer a solidão são apenas alguns exemplos do funcionamento dependente.

Há mais de três décadas, essa ideia ganhou força e apareceram numerosos livros de autoajuda que se voltaram para as dependências afetivas.

Alguns anos depois, minha prática clínica como psicóloga começou a se orientar para esse espaço novo e difuso, mal demarcado – quando não denegrido – da codependência, os vícios amorosos e a dependência emocional.

Neste livro, explicarei as causas que levam a escolher a pessoa inadequada e a permanecer nessa relação. Percorremos as etapas que vão desde a paixão inicial até a desilusão. Veremos como as pessoas não conseguem sair e ficam presas num circuito de desamor. Assim, a dependência leva algumas pessoas a ficarem posicionadas num lugar propício à violência emocional que pode terminar em doença, loucura ou morte.

Refiro-me às mulheres porque é o que conheço melhor e com quem mais trabalhei.

De forma alguma quero dizer que os homens não passam pelos mesmos padecimentos. A rigor, a dinâmica da sua dor é muito parecida. No entanto, a manifestação das suas dores de amor é diferente na maioria dos casos.

Ainda que homens e mulheres sofram por amor, existem algumas diferenças nos desígnios que um e outro recebem e em como influencia em sua autoestima ter ou não uma boa relação a dois.

Abordaremos também um tipo de dependência particular: a codependência. Esse padrão de vínculo, que foi descrito pela primeira vez em grupos de maridos e esposas de alcoólatras, caracteriza-se por uma enorme necessidade de salvar e resgatar a outra pessoa que sofre. Sob o manto do altruísmo e da virtude, operam preceitos ancestrais que não permitem a nenhum dos integrantes assumir a responsabilidade por suas próprias vidas. O codependente sacrifica-se pelo outro sem ver que com esse ato heroico não salva ninguém e, muito menos, a si mesmo. Veremos como esse modelo de vínculo aplica-se a outros tipos de relação: com os filhos, os irmãos, os amigos.

Os vínculos nos quais uma pessoa cuida excessivamente de outra podem ser tão nocivos que o cuidador corre o risco de adoecer com muito mais gravidade do que o doente. Existem modelos de cuidado disfuncionais que geram um nível de estresse que pode levar a deterioração total da própria saúde. Esses modelos fomentados socialmente enquadram homens e mulheres em papéis que lhes são prejudiciais.

A relação entre as nossas emoções e a saúde física é estudada por uma jovem especialidade da medicina: a psicoimunoneuroendocrinologia. Essa disciplina concebe o ser humano como uma integração de quatro sistemas que interagem: o sistema nervoso, as emoções, o sistema endócrino e o sistema imunológico. Esses quatro sistemas estão conectados por complexas vias de sinalização moleculares, de modo tal que o que impacta em um deles tem relação direta com todos os demais. É assim que o estresse derivado de uma relação insatisfatória vai deteriorando gravemente a saúde. No capítulo dedicado ao estresse conjugal, revisaremos as diferentes formas como as relações de casal adoecem homens e mulheres. O estresse conjugal e o estresse dos cuidadores vão adquirindo cada vez mais importância nos âmbitos acadêmicos e são objeto crescente de estudo.

As dependências afetivas como mecanismo viciante recém começam a ser avaliadas com maior clareza no mundo científico. A grande enxurrada de informação proveio do campo da literatura de autoajuda, certamente valiosíssima. Cabe a nós, que trabalhamos no campo da saúde mental, conferir-lhe base teórica e articular com a nossa experiência clínica o maravilhoso aporte recebido dos inumeráveis grupos de autoajuda. De forma sintética, faremos menção ao estado atual dessa temática no mundo e aos excelentes trabalhos científicos que foram sendo desenvolvidos nos últimos anos.

Este livro foi escrito por centenas de pessoas que passaram e passam pelos meus grupos e por meu consultório. Elas são as verdadeiras protagonistas, as que me ensinaram com a sua dor e com a sua sabedoria. Algumas se sentirão representadas nestas páginas ainda que eu não as nomeie e transcreva parte dos testemunhos que me entregaram de forma anônima. Também recorri a histórias mais conhecidas. Peço emprestadas à literatura, à crônica policial, ao cinema e à poesia as suas palavras para ilustrar este trabalho.

Os casos públicos que apresento podem parecer extremos e infrequentes. É por isso que também recorro a relatos mais cotidianos. No entanto, em silêncio, sem serem notadas pelos meios de comunicação e sem chegar à notoriedade pública, existem milhares de pessoas em risco.

Morrer por amor não é uma figura retórica. As relações dependentes provocam uma dor emocional e um estresse crônico que pode levar à morte. Por outro lado, são vínculos com um nível de cegueira que não deixam ver o perigo da violência emocional que pode terminar com um desenlace trágico.

Finalmente, veremos que a recuperação é possível. Nestes capítulos transmitirei a experiência de mais de vinte anos na coordenação de grupos de dependentes afetivas. Certamente, faltarão as emoções, a risada, o choro compartilhado, mas tentarei narrar para o leitor algumas das inteligentes intervenções que, semana após semana, são divididas no grupo. Os testemunhos anônimos das integrantes também vão no mesmo sentido.

Este livro reflete o caminho da recuperação empreendido por pessoas que se animaram a pensar que a experiência de amar e ser amado poderia ser diferente.

Hoje transitam por um caminho de liberdade para se relacionar sadiamente porque sabem que o verdadeiro amor é fruto da escolha e não da necessidade.

A intenção deste livro é oferecer uma visão sobre os vínculos e uma experiência profissional para que as relações amorosas possam cumprir com o seu mais valioso objetivo: ajudar-nos a crescer sadios e compartilhar a felicidade de não estar só na vida.

Patricia Faur

PRIMEIRA PARTE

O VÍCIO EM RELACIONAMENTOS

1.1. UM VÍCIO SEM SUBSTÂNCIA

> *Três coisas carrega a minha alma ferida: amor, pesar, dor.*
>
> Los mareados
>
> COBIÁN-CADÍCAMO

"Demorei muito a perceber a minha dependência afetiva. Havia estado numa união conflituosa durante mais de 25 anos. Mesmo depois de me separar do meu ex-marido, resisti durante alguns meses a admitir para mim mesma que os intensos sentimentos que me angustiavam tanto estavam mais ligados ao vício do que ao amor. Sofria de um profundo estado de depressão ao terminar uma relação de tantos anos. Aos poucos, pude ver que o vazio que experimentava era uma síndrome de abstinência. Havia tido um casamento infeliz, mas igual me empenhei em fazê-lo durar, para que não acabasse."

"Podia passar noites inteiras esperando um telefonema. Meu desespero era tão grande que teria corrido como um viciado enlouquecido para buscar a minha dose. A simples ideia de que ela podia me abandonar me atormentava. Ela era a minha droga, hoje não tenho dúvidas."

(Testemunhos anônimos)

Falar de vício em amor gera alguns equívocos. Em primeiro lugar, porque deveríamos definir o que se entende por amor nesse caso. Em segundo lugar, porque estamos falando de um vício de comportamento, no qual não existe uma dependência a uma substância química.

Do que falamos quando falamos de vício?

Existem muitas definições. Uma delas diz que se é dependente de algo quando, **apesar de se saber que uma conduta ou uma substância é prejudicial para si mesmo, não se consegue deter nem controlar a conduta ou o consumo**.

Em outras palavras, racionalmente existe um saber e uma compreensão de que algo faz mal, mas ainda assim não conseguimos evitar. A vontade fracassa, e a compulsão ganha a batalha. A compulsão é essa força irresistível do desejo que nos empurra em direção a algo e não nos deixa pensar. É uma resposta de ação imediata. Há uma tensão, um estímulo e se procura eliminar essa tensão sem poder pensar se é bom ou ruim. Esse processo é acompanhado de um mecanismo de defesa do nosso aparelho psíquico: a negação. Por meio desse mecanismo se elimina todo pensamento indesejável que se interponha como obstáculo na consecução desse prazer. É como se todos os dispositivos entrassem em acordo para que a pessoa não consiga dizer NÃO.

No vício em amor, a substância, a droga não é o verdadeiro amor. Trata-se da substância que supre a química da paixão. Tampouco se é viciado em alguém em particular. Hoje é uma pessoa, mas amanhã poderia ser outra. O verdadeiramente viciante é o desejo ou a ânsia de ser amado. A maravilhosa e irresistível sensação de ser tudo para o outro e que o outro seja tudo para mim.

No entanto, todas as relações amorosas ou uma grande parte começam dessa maneira, com esse período hipnótico que chamamos de estar apaixonado.

Nas relações sadias, esse momento de paixão e romance, que dura entre seis meses e dois anos, declina naturalmente, já que está muito ligado à novidade. No seu lugar vai surgindo um amor adulto, menos vertiginoso e intenso, mas mais profundo. O choque não passa inadvertido para ninguém. Em qualquer casal, os ouvimos dizer que "já não é tudo como no começo". Mas esse amor narcisista deixa espaço para uma relação mais verdadeira com o outro. Esse outro seguirá sendo escolhido apesar das suas imperfeições. É então que surge a ternura, a amizade e um erotismo sereno. Trata-se de um vínculo no qual se pode crescer e fazer planos. Predomina o companheirismo e a confiança.

O que acontece nas relações dependentes?

Não se consegue sair da etapa da paixão. Não há passagem ao estágio seguinte. A relação fica estagnada numa etapa de imaturidade que não abre caminho para a calma e a sobriedade. Em muitos casos, as relações terminam logo após a fase da paixão inicial, quando vão se delineando as verdadeiras identidades dos personagens. Nesses casos, com tristeza se aceita que o outro não é o que se esperava e o distanciamento ocorre com pesar e aceitação. Há um olhar realista que permite perceber que compartilharam um momento de suas vidas, mas que, de agora em diante, se continuarem juntos, vão se machucar.

No vício em amor isso não acontece. Não existe tal olhar realista. Este é substituído por um pensamento mágico e uma crença de que "ele mudará e tudo voltará a ser como antes, como no começo". Essa ilusão, essa promessa, é o que marca o caminho à dependência. O outro não é o que ela quer: tem traços de personalidade ou uma vida que ela não aceita em absoluto. No entanto, nega a realidade e se convence de que isso é transitório porque "já foi diferente e pode voltar a ser". A realidade é que o outro nunca foi diferente. A ilusão deforma a realidade na fase inicial do namoro. Além disso, no início de uma relação, todos jogam as suas melhores cartas e escondem aspectos que possam desencantar o companheiro. *Portanto, o outro nunca será o que nunca foi.*

E você não gosta desse homem real, não ama esse homem. Está apaixonada por uma promessa do que o outro vai ser quando mudar. Quer aquele da sua imaginação, mas nesse invólucro.

Já podemos vislumbrar os custos de semelhante obstinação.

É por isso que, a rigor, deveríamos falar de vício em paixão, já que é essa a sensação que se tenta recriar nessas relações. A exaltação do início é a sensação almejada.

Uma sensação que, como em todos os demais vícios, esconde outra dor. Esse estímulo no início traz prazer, um curto período de prazer ligado à dor e, finalmente, será a ilusão do prazer e todo o restante será dor. Pois na intenção de recriar essa emoção perdida, os integrantes do casal brigarão e se reconciliarão várias vezes para evocar em cada reencontro esse instante inicial. Mas o desgaste e a dor serão inevitáveis. A dificuldade para aceitar o que foi perdido os levará a perder tudo.

1.2. "Sem você, eu morro; com você, também"

Nas relações dependentes são reproduzidas algumas das características presentes na dinâmica dos demais vícios.

- OBSESSÃO: O pensamento sobre a relação invade tudo. A relação e o outro passam a ser o centro da vida de uma forma constante e patológica. A necessidade é tão intensa, e o medo de perdê-lo é tão grande que toda a energia está focalizada na relação. Todas as demais áreas da vida – trabalho, família, estudo, amigos – perdem o interesse. São períodos de descontrole e desatenção, uma vez que todo o foco está colocado no outro. Não se consegue deter os pensamentos intrusivos e ruminantes. Vai me telefonar ou não? Será que se desiludiu depois do nosso último encontro?
Voltará com a ex? Vai me abandonar?

- CONTROLE: O controle da relação, da vida e dos movimentos do outro é esgotante. A relação está sob o microscópio: é estudada, analisada. Leem-se livros, consultam-se terapeutas, bruxos e astrólogos para predizer o futuro. Controla-se – ou se acredita fazer isso – para que o outro não escape, não se assuste, não se frustre. Também é comum nessa etapa recorrer a substâncias para acalmar o estado de ansiedade. Isso gera um quadro, às vezes, de vícios cruzados: os tranquilizantes, a comida e a nicotina costumam ser os mais comuns.

- TOLERÂNCIA: Assim como no alcoolismo ou em outros vícios, define-se como tolerância o aumento da dose para se chegar ao mesmo efeito. Nesses casos, o que vai aumentando é a tolerância à dor emocional. Aquilo que, no começo, pensamos que não iria ser tolerado e parecia um limite inquestionável é agora posto em questão. Ficou natural. Se, no começo, parecia impossível desculpar uma mentira, uma ausência ou uma falsidade, agora se diz que é a última vez, que não é tão grave, que tudo será corrigido com o tempo. Há um tipo de superadaptação na qual os registros emocionais internos como o incômodo, o mal-estar, a dor e o desgosto são apagados. Por outro lado, aparecem justificativas ou racionalizações para poder suportar episódios que de outro modo poderiam levar ao fim do relacionamento. Cada vez são necessárias mais provas e demonstrações de amor, enquanto o outro fica a cada dia mais esquivo e distante. Começa a aparecer a sensação de que nada é suficiente.

- ABSTINÊNCIA: Diante da possibilidade de rompimento, aparecem sintomas de abstinência. Angústia intensa, ataques de pânico, insônia, perda de apetite. Tudo isso leva a que se faça qualquer coisa contanto que a relação não termine. Qualquer coisa que se tenha que suportar, mesmo com o risco de ir contra a própria dignidade, é melhor do que a solidão ou a dolorosa ideia de que o companheiro escolha outra pessoa.

Nós nos perguntamos o que determina o fato de algumas pessoas saírem de uma relação quando veem que ela não funciona, enquanto outras se aferram desesperadamente e seguem em frente, desprezando todos os sinais de alerta.

A paixão, o romance e a química da atração sexual são poderosos. Temos incontáveis testemunhos disso. A poesia, a música, o cinema, a história e a mitologia contam sobre amantes idílicos absortos nesse momento hipnótico. As histórias de Hollywood sempre se baseiam nesses temas. Um filme que fale de amor sereno não tem apelo comercial. O que se mostra é que o amor maduro somente acontece entre pessoas de idade avançada – suponho que é porque o imaginário coletivo as vê como assexuadas – ou para esses casais nos quais a protagonista fica com o prêmio de consolação, um homem pouco atraente, mas boa gente, com quem se pode contar nas horas boas e ruins. Não é como o galã principal: um sedutor, atraente e mulherengo, que a faz flutuar nas alturas ou descer ao inferno em questão de minutos. A vitalidade, a falta de limite e a intensidade de quando se está apaixonado são mais cinematográficas do que a calma e a serenidade do amor.

Para muitas pessoas, a dor pelas perdas que sofreram em suas vidas ou pelas coisas que não puderam realizar é muito difícil de encarar. Quando a realidade se torna intolerável, essas pessoas recorrem a uma variedade de mecanismos para passar por essa situação. Estes englobam um leque que vai desde as condutas mais sadias, como a elaboração normal de um luto, até as mais patológicas, como o apego excessivo ao que foi perdido e a dificuldade de resolver o luto e seguir em frente em direção a um novo projeto.

Uma das formas, sem dúvida perigosa, de transitar pela dor quando ela fica insuportável é anestesiá-la. Os vícios teriam essa finalidade. Produzem gratificação imediata e proporcionam um alívio efêmero que reforça uma sensação ilusória de bem-estar. É por isso que o consumo ou o comportamento são repetidos várias vezes.

Como dissemos, nas relações dependentes, a droga é a própria paixão com todo o seu efeito de alienação e embriaguez. É pouco relevante por quem se está apaixonado; o importante é o alívio transitório da dor. É como se por um tempo houvesse uma trégua e a pessoa esquecesse-se de ser quem é e das frustrações da sua vida. A embriaguez desse estado oferece a quem o vive uma sensação de completude como poucas vezes se experimenta na vida.

Para as pessoas que possuem uma boa autoestima, uma identidade bem definida e um autoconceito positivo, os sinais do declínio desse estado ou da inconveniência da relação produzem um afastamento natural desta. Mesmo com o fogo aceso da paixão, são capazes de reagir frente aos maus-tratos emocionais, ao desdém ou ao amor não correspondido. Não interpretam o ciúme doentio e a posse como amor, e as atitudes obsessivas as afugentam. Têm claro que são dignas de serem amadas e merecedoras do bom amor e, mesmo com tristeza, afastam-se ao ver que o seu amado mente ou é inadequado de alguma maneira.

Algumas mulheres poderão se envolver com um homem casado, distante ou que se esquiva do compromisso, mas em pouco tempo sentirão que não vale a pena seguir apostando numa relação que só as leva ao desamor e à dor.

É claro, essas não são as mulheres a quem damos atenção neste livro.

As mulheres que ficam presas num vínculo dependente não são precisamente ingênuas, pouco lúcidas ou incapazes. Muito pelo contrário.

Uma das integrantes dos grupos de autoajuda que coordeno exclamou com surpresa ao entrar na sala de reunião pela primeira vez: "Desculpem, acho que me enganei de grupo". Quando dissemos a ela que estava no lugar certo, confessou que jamais imaginou que as mulheres que escolhiam tão mal as suas relações e sofriam por amor pudessem ser jovens, inteligentes e bonitas. Tal é o grau a que havia chegado a sua própria desvalorização.

Quando penetramos em suas histórias, aprendemos que são sobreviventes.

Em todas elas há um passado obscuro, uma infância dura, uma família cujos pais tiveram grande dificuldade para cumprir com eficiência a sua função. Em suas histórias, há muita dor.

Elas foram as mães de seus pais, de seus irmãos, de si mesmas. Tiveram de empregar todas as suas forças, criatividade e engenho para sobreviver.

Quando a família não consegue suprir as necessidades emocionais básicas, as pessoas crescem com fome de amor. A necessidade as torna escravas e não lhes permite escolher. As relações dependentes estão fundadas nessa necessidade e não na escolha.

Pode ocorrer que nessa família algum dos pais, ou ambos, tenha sido imaturo ou distante, que tenha ocorrido um abandono, uma doença de dependência ou outra circunstância que tenha lhes impedido de tomar conta das crianças. Ou talvez algum dos irmãos, como ocorre habitualmente, ocupou o centro da cena com algum problema relevante, e a futura dependente teve de sair para fazer o resgate.

Não é somente das necessidades emocionais insatisfeitas que provém o caldo de cultura necessário para estabelecer vínculos dependentes na vida adulta.

Em alguns casos, o que vemos são pais que não puderam gerar em seus filhos a confiança necessária para serem independentes e cortar esse vínculo simbiótico. A separação dos pais e o ingresso no mundo adulto transformaram-se então num assunto traumático. O mundo exterior começou a ser percebido como ameaçador e perigoso.

O certo é que essas meninas aprenderam desde cedo que para sobreviverem e serem queridas teriam de fazer muito. A primeira regra era satisfazer a todos para serem agradáveis e aceitas. Serem complacentes, boas alunas, simpáticas, generosas, dispostas e incansáveis. Dessa forma, assegurariam um lugar no mundo. Do contrário, correriam o risco de passar pela vida sendo transparentes. E já não podiam se permitir mais ausência.

A exigência e um parâmetro próximo da perfeição seriam as suas características marcantes. O roteiro das suas vidas dizia: "Seja perfeita, se não for assim, ninguém amará você".

A ação também costuma ser um poderoso anestésico para a dor. Quando uma pessoa faz algo sem parar, está um pouco mais livre dos pensamentos torturantes. Para essas mulheres, a ação transformou-se em seu estandarte. Traçavam assim o caminho para serem supermulheres. Elas haviam aprendido que teriam de ter muitas coisas para dar, mas ninguém lhes havia ensinado receber.

Não sabiam que se doando em excesso para comprar o amor de um homem encontrariam, do outro lado, um amante mesquinho, com pouca ou nenhuma capacidade para dar. Sentiam-se desconfortáveis quando recebiam amor. Isso as deixava em dívida. Valorizavam em excesso o que recebiam e minimizavam o que davam. Acostumavam-se a abastecer e a autoabastecerem-se. Dessa forma, não tinham que entrar em contato com a dor que lhes trazia esse enorme vazio emocional, essa carência tão primária e penosa que lhes tirava o fôlego.

Mas os seus êxitos não bastavam para fazê-las se sentirem melhor. Sem dúvida que não. A autoestima é construída de dentro para fora e não ao contrário. Os afagos, os elogios e os aplausos são uma carícia para o ego, mas não bastam. Quando uma pessoa cresce desabitada de si mesma, tudo no seu interior ressoa como um eco mudo no vazio. É só maquiagem. Não sabe quem é, não sabe o que quer, só sabe o que TEM de fazer. Quando para por um instante, é como se visse diante de si os escombros deixados por um furacão. Então segue em frente e sabe que não deverá parar caso não queira contemplar os seus próprios fantasmas.

Nunca aprendeu a confiar em suas próprias percepções. Como sempre lhe disseram que estava errada e que o que via não era certo, cresceu sem dar importância à verdadeira intuição, aquela que teria podido salvá-la de tantos perigos.

Quando era pequena, o pai voltava para casa de mau humor, ficava em silêncio ensimesmado ou gritava com a sua mãe.

– Por que estão brigados? – perguntava a menina.

– Quem disse que estamos brigados? Deixe de inventar coisas e vá fazer as suas tarefas – respondia a mãe.

"Não, o que vejo não é verdade", aprendia a pequena. "Deve ser um erro. Não quero que fiquem bravos comigo, por isso é melhor ficar quieta e obedecer."

É assim que foi crescendo sem saber quem era na realidade. A sua identidade lhe era ditada de fora. Eram os outros que lhe diziam quem era. É por isso que o tempo todo precisava dos outros, pois sem eles não era ninguém. E, na verdade, tampouco era com eles. Só que a relação com o outro lhe dava a sensação de estar a salvo. O outro proporcionava um bem-estar parecido ao de voltar para casa depois de se ter atravessado o deserto. Nesse estranho paradoxo do inconsciente, ela procurará o que não teve e somente encontrará o que teve, pois irá pelo mesmo caminho que conhece. Perceberá como familiares e atraentes os homens com quem sentir a ânsia de ser amada, e não o amor mesmo. Nesse eterno jogo de espelhos que é a ilusão amorosa, terá verdadeiro horror de se desprender de alguém ao ver que a relação não funciona, porque o que perderá não é o outro, mas a ilusão do que teria com esse outro. Luto impossível: não se pode perder o que nunca se teve.

As famílias comumente chamadas de disfuncionais – ou seja, nas quais não se cumpre corretamente a função – estão na origem dessa maneira nociva de se relacionar. Dirão que não existe uma família que seja funcional. Eu acho que há. Não me refiro a famílias perfeitas – que por outro lado seriam também bastante geradoras de doença –, mas a famílias nas quais existe maior intimidade emocional.

A intimidade emocional é a capacidade de expressar o que verdadeiramente se sente, é a comunicação franca, aberta, direta e genuína com o outro. Em todas as famílias há problemas. É a maneira de enfrentar e falar dos problemas que as faz mais saudáveis e confiáveis. Quando num grupo familiar uma criança aprende a ser ouvida, a merecer crédito e percebe que não há segredos dos quais está proibida de falar, cresce com confiança e segurança em si mesma. A mesma segurança que, mais tarde, vai lhe proporcionar autonomia para sair para o mundo exterior.

Ao contrário, existem famílias rígidas que utilizam todos os dispositivos a seu alcance para negar a realidade que lhes é intolerável, como se ser vulnerável fosse algo ruim. Na realidade, ocorre inteiramente o contrário. Permitir-nos a vulnerabilidade é aceitar a nossa própria condição de humanos. É importante aceitar que somos falíveis e que a vida não é tão perfeita. Há famílias nas quais se aceita que os problemas existem e que se terá de atravessá-los e enfrentá-los.

Dentro desses esquemas familiares estereotipados, fica muito difícil criar vínculos de forma sadia. Os papéis estão fixos, e não há possibilidade de se sair do roteiro preestabelecido.

As mulheres que crescem nessas condições sofrem um verdadeiro processo de alexitimia, ou seja, de incapacidade para registrar e expressar os seus próprios sentimentos. Não estão em contato consigo mesmas. Sabem muito bem, no entanto, o que o outro com quem se relacionam quer ou necessita. Aprenderam que devem olhar para fora para serem as campeãs em satisfazer as necessidades alheias. São as "gueixas" das relações.

Em muitos casais, é surpreendente ver até que ponto as mulheres viveram dependentes do outro: conhecem até o último detalhe os seus movimentos, os seus gestos, a roupa de que gostam, as suas inquietações, os seus temores, as suas obsessões, o seu prato predileto. Mas, por outro lado, quando perguntamos a elas sobre as suas próprias necessidades e interesses, percebem que nunca haviam parado para pensar nisso. São autômatos do desejo do outro. São como possuídas por uma força estranha que empurra o seu olhar nessa direção. Olhar para si mesmas é uma tarefa ainda desconhecida para elas.

• • •

O ÚLTIMO ROUND
Alicia Muñiz e Carlos Monzón

Foi um caso emblemático de violência familiar na Argentina. A morte de Alicia Muñiz não somente derramou rios de tinta sobre a mulher agredida, mas também trouxe consequências para uma sociedade adormecida que naturalizava os maus-tratos e cobria a vítima com um manto de suspeita: "Alguma coisa ela fez".

Numa sociedade em que a vítima é investigada e a violência emocional e física está sustentada na mal-intencionada leitura do masoquismo feminino, não era difícil se ouvir dizer: "Ela deve gostar de apanhar, caso contrário iria embora", "Só lhe deu uns sopapos" ou "Ela sabe como deixá-lo irritado".

Carlos Monzón era o próprio ícone do macho argentino. Campeão mundial de boxe, atraente, sedutor, milionário, com uma mistura de aspecto terno e selvagem, acabava sendo irresistível para muitas mulheres. Nos ringues, não tinha rival. Na vida, foi o seu pior inimigo.

Aposentado do boxe, ele casou-se pela segunda vez com a modelo Alicia Muñiz. Tiveram um filho, e tudo prometia um futuro sereno e feliz.

Na manhã do dia 14 de fevereiro de 1988, o país ficou petrificado com a notícia que chegava de Mar del Plata. Na casa onde se hospedavam, enquanto o filho dormia, o casal protagonizou uma forte discussão que teve seu auge quando Alicia caiu de uma sacada e morreu.

A única testemunha do caso, "o catador Báez", relatou a maneira como Monzón bateu na esposa e a empurrou.

No julgamento televisionado e acompanhado por milhões de espectadores, ele foi condenado a onze anos de prisão.

O último golpe da sua vida foi um acidente automobilístico, aos 52 anos, em janeiro de 1995.

• • •

SEGUNDA PARTE

O COMEÇO

2.1. A PAIXÃO

> *Estar contigo ou não estar é a medida do meu tempo.*
> *O ameaçado*
>
> JORGE LUIS BORGES

"Gostei de sentir que eu era o centro do seu mundo, me telefonava mil vezes por dia, aparecia de surpresa no meu trabalho, me cuidava."

"Adorei a sua força, a sua maneira de falar tão contundente, ele abraçava o mundo."

"Ele me atraiu porque o vi tão só, tão carente, tão vulnerável que me senti importante ao seu lado. Sentia que o destino havia nos unido."

"Parece que é um estado hipnótico que certas pessoas têm a capacidade de instalar para manipular conforme o seu capricho. Talvez porque detectam o desejo alheio e o satisfazem de forma irretocável. Uma vez possuído, capturado pelo outro, tudo muda drasticamente."

"A primeira vez que o vi, pareceu tão misterioso, tão inalcançável, tão especial..."

"Eu me senti atraída pelo seu jeito indefeso, era como um menino terno e desprotegido."

(Testemunhos anônimos)

O **amor apaixonado** ou a paixão é este estado primário de uma grande parcela das relações que já foi descrito na literatura e na filosofia como um estado de loucura passageira ou de cegueira. De fato, em francês, a "flechada" é denominada "*coup de foudre*", o impacto de um raio, de uma descarga elétrica. A flecha também nos remete à velocidade. Trata-se de um fenômeno de instantaneidade: "Nós nos olhamos e foi como se nos conhecêssemos de toda a vida"; "Só de vê-lo, percebi que era o homem que eu havia estado procurando".

Na mitologia romana, Cupido, deus do amor, é representado como um menino travesso e irresponsável. Alguns o representam como cego, surdo e mudo, armado de um arco e uma aljava com duas flechas, uma das quais atira naquele que ficará irresistivelmente apaixonado. A outra, com ponta de chumbo, provocará a indiferença ou o rechaço amoroso. Dizem que Cupido crescia na companhia do seu irmão gêmeo Anteros, deus do amor correspondido ou deus da paixão. Ou seja, o Amor crescia junto com a Paixão e transformava-se num jovem esbelto e belo. Quando não estavam juntos, Cupido voltava a ser uma criança.

A imagem da criança Amor, travessa e alada, nos remete à imaturidade desse sentimento. A paixão e o ato de se apaixonar, ainda que pareçam fortes e poderosos, ficam para sempre num estado infantil. Se crescerem, se ficarem serenos, amadurecem e abrem caminho para o verdadeiro Amor.

A paixão, assim como uma intoxicação química, anestesia a capacidade crítica. Trata-se de um período de confusão no qual as funções do pensamento, a atenção e o juízo ficam alterados. Definimos esse momento como estar perdidamente apaixonado. E não há nada mais verdadeiro. O que se perde é a razão, e o que predomina é a emoção.

A ideia de fusão com o outro, "dois que são um", é representada popularmente por expressões como a metade da laranja, a alma gêmea, a metade que me completa ou é indicada por símbolos como o pingente de coração partido ou dois anéis idênticos. Há uma perda da individualidade, os limites com o outro são nebulosos, difusos. A própria identidade funde-se na união com o outro.

O erotismo é de tal intensidade que reflete a sensação extrema dessa fusão. Os amantes não podem estar separados nem um instante, e cada minuto de ausência é doloroso e pungente. A vida é medida em termos de estar ou não estar com ele. Fora disso, nada tem sentido.

Nesse estado de alienação e loucura, não é difícil imaginar a tragédia ou, ao menos, o erro. Se não conseguimos pensar e ao mesmo tempo estamos possuídos por uma força arrasadora que cega e provoca obsessão, o que não seríamos capazes de fazer para estar com o amado? Pode haver algum limite que impeça essa busca desenfreada?

A paixão aloja-se no terreno da ilusão e frustra-se na realidade. A realidade é o seu carrasco. Enquanto as pessoas transitam nesse momento, acreditam ver no amado aquilo que desejam ver e não quem ele realmente é. E quando esse processo é recíproco, nos vemos em uma relação na qual duas pessoas se apaixonam por espelhos. Minimizam os defeitos do outro, o corrigem, o idealizam e lhe atribuem todas as características que sempre desejaram que um amante tivesse.

A desilusão amorosa que chega pelas mãos da realidade e do passar do tempo tem pelo menos três caminhos diferentes: 1) o rompimento do vínculo quando a paixão enfraquece e se descobre que o outro não é o que se tinha imaginado; 2) o complexo processo de transformação em direção ao verdadeiro amor, em que se amará o outro e o aceitará apesar das falhas dele; e 3) a obstinação de querer seguir vendo no outro o ser idealizado, negando os indícios da realidade. Nesse último caminho, constantemente vai se correr o risco tóxico de passar da ilusão à desilusão. Esse é o terreno dos vícios amorosos.

•••

Fiquei sem "voz"
Maria Callas e Aristóteles Onassis

Maria Callas não pôde resistir à tentação de se deixar conquistar por este homem que lhe traria grandes infortúnios. Aristóteles Onassis: um homem sedutor, milionário, irresistível... Como pensar com clareza sob o efeito do feitiço?

Ela era uma mulher poderosa quando o conheceu. Tinha uma carreira brilhante, era famosa, imponente, uma das melhores sopranos do mundo. Estava casada com Giovanni Meneghini, um empresário trinta anos mais velho do que ela, de quem diria que "era como um pai".

Que poder ela entregou ao armador grego para acabar deprimida, com a carreira arruinada e humilhada aos olhos do mundo?

Maria Callas nasceu em Nova York em 1923. Vinha de uma família de emigrantes gregos que voltaram ao país natal para escapar de uma difícil situação econômica. Não teve uma infância fácil, ao que teríamos que somar a sua aparência sem graça e o problema do sobrepeso, com o qual brigaria ao longo da vida.

Casou-se com um homem trinta anos mais velho que ao mesmo tempo desempenhou o papel de pai, guia artístico e empresário.

Com o passar dos anos, chegariam a fama, o reconhecimento, o dinheiro e também os amantes.

Estava casada havia dez anos quando, em 1959, acontece o choque – as mulheres do meu grupo diriam que "se chocaram os planetas" – ao conhecer o armador e magnata grego Aristóteles Onassis. Por ele, separa-se, e é o começo da sua decadência. Afasta-se dos palcos e dedica-se por completo àquele homem.

Para Callas, a sua vida amorosa foi uma rota de dor e de desprezo que culmina quando Onassis a obriga a interromper uma gravidez e ainda mais quando, algum tempo depois, Aristóteles encontra outra mulher mais bem situada socialmente: Jacqueline Kennedy.

Abandonada por Onassis, la Callas, como era conhecida, entra numa espiral de depressão e calmantes, isola-se e fica reclusa. Quando volta aos palcos, sua voz, já destruída, fala da sua dor e dos seus abafados gritos de desamor. Já não era a magnífica soprano. Morreu em Paris em 1977, sozinha e trancafiada. Alguns dirão que foi devido a um ataque cardíaco, outros dirão que morreu de tristeza.

Por ocasião de uma exposição fotográfica sobre a vida da cantora realizada nas Ilhas Baleares, a meio-soprano espanhola Teresa Berganza afirmou que Onassis foi o responsável pela decadência de Maria Callas. Na opinião de Berganza, Callas "não perdeu a voz por ter emagrecido, mas sim devido à vida de festas e luxo que levou ao lado do armador, contrária aos cuidados que uma profissional da ópera deve seguir, e que causou o seu declínio artístico.

• • •

2.2. A primeira tragada

Amar é dar o que não se tem a alguém que não o é.

Jacques Lacan

O estar apaixonado é o território da paixão. Dos tempos do amor cortês em diante, temos associado o amor ao sofrimento. O outro é tão desejado que chega a doer. Um sofrimento é produzido ao sentir tanta urgência e excesso.

Na Idade Média, surge a ideia do amor cortês. Trata-se do amor pelo próprio amor, uma entrega incondicional na qual nada se espera do ser amado. O amante posiciona-se num lugar de submissão e servidão diante da sua amada, *a senhora feudal*. É um canto de eterna melancolia, já que o amor está marcado em si mesmo pela impossibilidade e pelo sofrimento. Naquela época, exaltava-se a corte à mulher proibida que, por contrato, havia sido entregue em casamento ao senhor feudal. Ela era cortejada por cavalheiros sedutores e trovadores que proclamavam a livre escolha do casal e se rebelavam contra os casamentos arranjados.

As mulheres deixavam-se seduzir e logo resistiam à sedução, fazendo o amante sofredor passar por inúmeras provas.

Ainda em nossos dias, o sofrimento é tomado como medida para provar que o amor é verdadeiro. "Se sofro por ele, é porque na verdade eu o amo." Se o outro é capaz de fazer algo por seu amante que o machuque, ninguém duvidará do seu amor.

A sedução é o primeiro passo da dança. O objeto amado exerce uma fascinação parecida com a hipnose. É um estado no qual não é possível pensar. Acaba sendo impossível discriminar coisas mundanas como, por exemplo, se o outro é conveniente, caloteiro, casado, jovem, velho, viciado ou mulherengo.

Só há êxtase. E se algum dado da realidade penetra essa férrea barreira, será rechaçado completamente. O mais provável é que apareçam justificativas como estas: "A ex-mulher dele diz estas coisas dele porque é uma louca"; "Foi mal nos negócios porque teve sócios que o enganaram"; "É um grande artista, mas neste país não reconhecem isso"; "Sempre teve medo de compromisso porque não encontrou uma mulher que o amasse de verdade".

Se pensarmos no modelo dos vícios, esse é o momento em que se tenta "proteger o fornecimento". A pessoa apaixonada não quer que nada nem ninguém a traga de volta à realidade e termine com essa indescritível sensação de euforia. Nada mais parecido ao impulso de um cocainômano, ao coração que bate forte enquanto a bola da roleta gira ou à primeira tragada de um cigarro depois de um jantar farto.

Caso uma amiga faça uma advertência, o mais provável é que ela deixe de vê-la. Acusará a amiga de invejosa ou pensará que está com ciúme porque não está prestando atenção nela ou porque para ela nada desse tipo acontece.

E ainda quando algum fato for um pouco inquietante ou de uma contundência incontestável, os amantes pensarão que o tempo e o amor que sentem se encarregarão de resolver tudo. "Vivamos o presente", a apaixonada dirá a si mesma, ajustando o ditado à sua conveniência para poder sustentar o pensamento mágico.

As neurociências trazem descobertas menos românticas para explicar esse estado. A bioquímica do amor é estudada permanentemente para saber quais são as substâncias responsáveis pelo feitiço. Muitos pesquisadores trabalham com dados de neuroimagens, neurotransmissores, neuromoduladores e hormônios que se relacionam com esse momento inicial dos vínculos. Em minha opinião, esses dados, que são divulgados superficialmente nos meios de comunicação, levam a leituras simplificadas e errôneas das quais em seguida se desprendem uma infinidade de hipóteses. Não obstante, comentaremos as ideias mais difundidas sobre a chamada química do amor. Em relação ao que ocorre ao nível neurobiológico, alguns estudiosos, como os psiquiatras Donald Klein e Michael Lebowitz, do Instituto Psiquiátrico de Nova York, atribuem a responsabilidade dessa sensação à feniletilamina, uma substância liberada numa região do cérebro. Essa substância produziria um estado de euforia e exaltação similar ao produzido por uma anfetamina e atuaria como um estimulante. Segundo esses trabalhos, essa molécula, cuja presença é detectada em grandes quantidades quando se está apaixonado, ativaria a liberação de outros neurotransmissores, entre eles, a dopamina. Este último é um neurotransmissor que intervém, entre outras coisas, no circuito de recompensa, que é um mecanismo neurobiológico envolvido na maioria dos vícios. É chamado assim porque provoca uma sensação de prazer que leva à repetição da mesma ação várias vezes.

Muitos estudiosos sustentam que essa substância também intervém nos circuitos envolvidos na depressão. Dessa forma, aventam a hipótese de que para algumas pessoas que padecem de um transtorno depressivo a química da paixão provocaria uma sensação de alívio e gratificação transitória.

O que é mais interessante ainda é que, para alguns pesquisadores que estudaram o que ocorre no nosso cérebro durante o estado de paixão, seriam ativadas zonas diferentes quando se trata do amor romântico e quando se trata do amor maternal. Ao mesmo tempo, seriam inativadas outras áreas no córtex pré-frontal – que é a zona do cérebro das nossas funções superiores, que permitem a avaliação, o julgamento social e as emoções negativas. Ou seja, o ditado "o amor é cego" não parece ser apenas uma metáfora.

O doutor Diego Golombek, no livro *Sexo, drogas y biología**, faz referência a um estudo realizado por pesquisadores da Universidade de Pisa no qual foram

---

* Buenos Aires: Siglo XXI Editores, 2006; ainda sem tradução no Brasil.

convocados jovens apaixonados para medir os seus neurotransmissores cerebrais. Tais estudos diziam que esses jovens tinham níveis muito baixos de um neurotransmissor chamado serotonina, assim como – ainda segundo esses estudos – ocorre no transtorno obsessivo-compulsivo, com o que tentavam relacionar as ideias obsessivas do apaixonado com o baixo nível do transmissor.

Também foram feitos trabalhos que relacionam a presença de oxitocina, hormônio ligado às condutas de apego, com os vínculos mais estáveis e duradouros.

O certo é que não podemos dar crédito a esses trabalhos, já que não é possível medir com validade científica os níveis desses neurotransmissores na paixão, tampouco é sério responsabilizar um neurotransmissor por um determinado estado emocional. Nossos circuitos cerebrais são muito ricos e complexos, de modo que deveremos ficar apenas na vontade de procurar a evidência para medir a intensidade do sentimento de um amante. Assim, de nada nos adianta pedir um exame de sangue logo depois dos primeiros encontros, nem levar o namorado dissimuladamente a um aparelho de ressonância magnética para medir o seu nível de compromisso. E muito menos provocar o amor ou o desamor com um fármaco que iniba ou ative um determinado neurotransmissor.

Dessa forma, a cascata de substâncias que inundam o cérebro quando vemos a pessoa amada, e que gera esse estado tão particular de excitação, não é desencadeada frente a qualquer um.

Algum dado particular, que provavelmente será ressignificado muito tempo depois, provoca essa embriaguez.

Não há dúvidas de que se trata de um período de alienação passageira. Os apaixonados passam horas sentados perto do telefone esperando que ele toque, sem conseguir prestar atenção em outra coisa. Como um anorexígeno por excelência, a paixão tira o apetite e o sono, leva a condutas estranhas e faz as pessoas se comportarem de um modo infantil, complacente e, às vezes, arriscado.

> "Não teriam se passado nem dez minutos que o conhecera, e ele já sabia todos os meus segredos: desde quantos amores eu havia tido até o estado das minhas contas bancárias."
>
> "Ria como uma boba de todos os seus comentários: o considerava misterioso e atraente. Nesse momento, teria largado tudo para segui-lo até o fim do mundo."
>
> "Só me preocupava em ser alguém desejável para ele. Estava disposta a me transformar na mulher que imaginava que ele desejaria. Corri para comprar livros de filosofia quando soube que ele gostava das intelectuais."

A obsessão invade tudo. São pensamentos intrusivos que se agitam sem parar. A apaixonada passa longas horas falando com as amigas sobre cada um dos mais íntimos detalhes dos primeiros encontros. Repassa as palavras dele para adivinhar nelas as suas verdadeiras intenções. Quer saber se o seduziu de verdade. Se irá vê-lo novamente. Se ele vai querer se casar. Se tem medo de compromisso. Se é correto que ele pague a conta ou se ela deveria tê-lo convidado. Se fez mal em ir para a cama tão rápido. Se deveria ter lhe contado tal coisa. Se o assustou ao dizer que tem vontade de ter um relacionamento sério. Come qualquer coisa. Não come, perde o apetite. Não dorme. Não consegue se concentrar no trabalho nem nos estudos. Só pensa na roupa em que ficará melhor no próximo encontro. Checa obsessivamente as mensagens na secretária eletrônica e no computador. Não esquece o celular, caso ele ligue e não a encontre.

E, de repente, está ali: o amante sonhado, evocado, saboreado telefona e diz o que ela quer ouvir. E ela estará ali, disponível para ele, a qualquer hora, a qualquer dia. Não existe nenhuma possibilidade, por menor que seja, de que algum registro adverso, incômodo, a leve a considerar a possibilidade de estar se relacionando com o homem errado.

•••

Picasso:
uma pincelada fatal

Não é segredo para ninguém que a vida ao lado de um artista genial pode ser um tormento. Muitos deles cativaram e seduziram mulheres que sofreram o impensável para permanecer ao seu lado. Narcisistas, egocêntricos, exploradores, alguns artistas somente escolhem parceiras que lhes possam trazer algum brilho, mas não tanto que os ofusque.

O maravilhoso Pablo, criador e artista inesgotável, teve uma vida longa pela qual passaram uma sucessão de mulheres que o amaram e o odiaram com a mesma intensidade.

"Foram muitas as mulheres que ficaram marcadas para sempre pelo caráter imprevisível, algumas vezes cruel, outras terno, do pintor", diz a escritora espanhola Paula Izquierdo no livro *Picasso y las mujeres**. E completa: "Mas que misterioso magnetismo fez com que tantas mulheres ficassem loucas por ele, aceitassem a sua tirania, as suas mudanças de humor, o seu desprezo e inclusive a sua admoestação física e mental? Não há uma única resposta para justificar que se deixassem humilhar e denegrir de tal forma. Eram masoquistas? Estavam tão cegamente apaixonadas que até o desprezo era entendido como uma forma de amor? A fama do pintor, o êxito na vida de Picasso motivou-as a aceitar esse alto custo para estar ao lado do gênio?

[...]

"Podia se transformar num romântico insaciável quando se apaixonava, mas tal era a sua necessidade de seduzir que, inclusive quando estava muito apaixonado por uma mulher, não podia se limitar a ela. Seguia procurando reconhecimento nos braços de outras. No fundo, esse comportamento denota, além de uma grande insegurança quanto a si mesmo, um medo quase patológico de se prender demais a uma só mulher. Talvez, por essa razão, às vezes, mesmo nas épocas boas, ele se comportava cruelmente com a companheira, utilizando a brutalidade como forma de combater aquilo que amava."

[...]

---

* Barcelona: Belacqua, 2004.

"Picasso foi tudo: misógino, minotauro, arlequim, artista irresistível, embriagante, magnético e, sobretudo, experimentador; se há algo que determina a personalidade de Picasso é o seu afã ilimitado por experimentar, não somente com a pintura, mas também com o ser humano. Sobretudo, se este tivesse a forma de mulher", escreve a autora.

• • •

2.3. A EMBRIAGUEZ DO AMOR

> *Quero embriagar meu coração para apagar um louco amor*
> *que, mais que amor, é um sofrer.*
> *Nostalgias*
> Cobián-Cadícamo

"Não conseguia pensar em outra coisa, nada me importava, nem sequer os meus filhos, contava as horas, revisava os seus e-mails, controlava as mensagens do seu celular. Prestava atenção na roupa que usava, cheirava as suas camisas para ver se descobria uma infidelidade."

"Estava tão empenhada em mudá-lo que deixei de lado a minha própria vida para conseguir algo que ninguém tinha me pedido e que estava me enlouquecendo. Demorei muito para aceitar que tinha que pôr o foco em outro lado."

"Na realidade, tudo estava ali desde o começo. Agora percebo. Só que naquele momento não podia ver, não queria ver."

"Quando a conheci, ela estava casada. Em nenhum momento pensei que mais tarde ela faria comigo o mesmo que fez com o marido."

(Testemunhos anônimos)

Dizemos que estar apaixonado é o mais parecido com um estado de embriaguez. Portanto, nesse estado, as pessoas são quase inimputáveis. Não sabem o que fazem. No meio desse estado fascinante e perigoso, muitas mulheres recorrem a todas as estratégias possíveis para perpetuar a relação, apesar dos sinais de alerta que a realidade coloca no caminho. Não há limites, e qualquer coisa será válida para evitar que a magia termine.

É assim que, nos primeiros sinais de abandono ou distanciamento, aparecem as justificativas: "É que eu fui muito rápida, e ele se assustou. Agora serei mais cuidadosa"; "Ele está passando por um mau momento, não pode viver sem os filhos"; "Ele me diz essas coisas para que eu não me envolva porque tem medo de me ferir"; "Está separado de fato; ainda que viva na mesma casa que a ex-mulher, faz dois anos que eles não têm relações".

A negação, um mecanismo de defesa mediante o qual afastamos da consciência a realidade que nos é intolerável, será a melhor aliada neste momento. Por sua vez, outro mecanismo, a onipotência, fará com que, se alguns desses indícios forem filtrados, apareça a sensação de que, com o tempo, você conseguirá mudá-lo.

As estratégias para se amarrar rapidamente são variadas e criativas, mas possuem um denominador comum: as consequências têm um alto custo. Da convivência imediata até a gravidez, uma sociedade no trabalho ou a compra compartilhada de uma casa, qualquer que seja o caso, a intenção é clara: que a separação seja difícil. Assim estarão protegidas perante qualquer tentativa de afastamento.

A pessoa apaixonada vai tentando ocupar todos os espaços na vida do outro para que ninguém ganhe terreno.

É claro que para serem necessárias a alguém é preciso encontrar um necessitado. Farão inúmeros esforços para serem imprescindíveis e insubstituíveis. Nessa versão de mulher pós-moderna, é possível encontrar, pelo preço de uma, a enfermeira, a amante ardente, a secretária, a terapeuta, a contadora, a criada, a advogada, a administradora e a boa amiga. É imprescindível não deixar nenhum espaço vazio e assegurar-se de haver ocupado todos os lugares. O outro teria que estar bêbado ou sofrer de uma alteração grave para deixar passar tal oportunidade.

E qual é o benefício para que essa mulher esgote as suas reservas mesmo quando percebe sinais indicando que deve parar no meio do caminho porque seria perigoso prosseguir?

A obsessão e a compulsão são poderosos anestésicos. A excitação provocada pela paixão acalma a dor, distrai a atenção, é como um antidepressivo natural que impulsiona a começar o dia com uma motivação certeira. Essas relações proporcionam a vertigem necessária para que qualquer outro sofrimento da vida fique ofuscado. E não é simples se desfazer de semelhante sensação de euforia. Tampouco é possível pedir a alguém faminto que escolha bem o que irá comer.

Num estado de desespero amoroso ou de uma solidão que corrói a alma, a relação aparecerá como uma poção milagrosa. É o melhor antídoto contra as carências e as inseguranças. Portanto, não será fácil se livrar da ilusão de plenitude. É compreensível que seja ainda mais aterrador voltar ao velho estado de solidão logo depois de ter experimentado essa euforia.

Os medos, esses fantasmas que espreitam nas noites, são exorcizados pela relação amorosa. Já não importa muito quem é o outro. Nem sequer se a relação é conveniente. Mais ainda, não importa muito se é amor, obsessão ou dependência. Somente importa não voltar a sentir medo. Medo de ser adulta, de crescer e ser responsável por si mesma, de enfrentar a vida, de chorar as perdas, de avançar sem certezas.

Não é tempo de pensar na ressaca emocional. A dor causada pela relação não supera a outra dor. Mesmo quando começam os primeiros desenganos, a ilusão é mais poderosa. Ela está muito ocupada em cuidar de tudo para que nada se quebre. Quase não respira e contém o sofrimento desde que ele não vá embora. Não importa se ele não telefonou no sábado. Ou se ela ouviu algumas palavras que poderiam soar como desqualificadoras. Ou se ele foi grosseiro com o garçom na hora de fazer o pedido. Ou se bebeu demais e ficou irritado. Ou se repentinamente mudou de humor e ficou distante. São apenas detalhes. "Não quero ver, não quero saber, logo ele mudará."

• • •

O "verso" do capitão

Delia del Carril e Pablo Neruda

O grande poeta Pablo Neruda, aquele que apaixonaria várias gerações, vivia um romance clandestino no exílio. Enquanto Delia del Carril, sua mulher, esperava por ele em Santiago do Chile, outra era a sua musa em 1952.

Os versos do capitão foram publicados de forma anônima em Nápoles, uma vez que revelavam a sua paixão por Matilde Urrutia. "Revelar a sua progenitura era desnudar a intimidade do seu nascimento", diria o poeta. A relação encontrava uma base idílica na casa que um editor italiano havia lhe emprestado na ilha de Capri. De volta ao Chile, seu amigo Volodia Teitelboim o esperaria em vão no aeroporto de Santiago. O "capitão" havia feito escala no Uruguai para prolongar o seu romance.

Uma amiga conta que Delia, ao ler o livro, disse: "Isso parece ser de Pablo, mas não é". Sabemos, é verdade, que as coisas dolorosas são negadas com força. Aquela mulher, vinte anos mais velha do que Pablo e que tinha se dedicado completamente ao poeta durante vinte anos da sua vida, não podia renunciar a ele.

Delia del Carril, refinada artista argentina, teve enorme influência sobre o poeta, sobretudo na sua formação política. "A formiguinha", como era conhecida devido à sua capacidade de trabalho e solidariedade, era o complemento perfeito para Pablo. Ela o protegia, cuidava dele.

Numa entrevista concedida à BBC Mundo, uma amiga comum do casal, Aída Figueroa, comenta o que

Pablo lhe disse a propósito da separação de Delia: "Ela era minha esposa. Sempre será, mas precisa entender que eu tenho de ter uma paixão".

Delia, magoada e triste, viajou para Buenos Aires. Enquanto isso, Pablo, já instalado com Matilde na casa que mandou construir em Santiago e que batizou de La Chascona (mulher de cabelos despenteados) em homenagem à sua amada, reconheceu finalmente a autoria de *Os versos do capitão*.

• • •

A ÚLTIMA NÉVOA

María Luisa Bombal e Eulogio Sánchez Errázuriz

Talvez o nome de María Luisa Bombal (1910-1980) seja desconhecido de muitos, mas se trata de um dos maiores expoentes da literatura latino-americana que morreu sem receber o merecido Prêmio Nacional de Literatura do Chile.

Mulher trágica e apaixonada, María Luisa nasceu em Viña del Mar, no Chile, em 1910. Educada na França a partir da morte do pai, começou a revelar precocemente o talento para a escrita.

De volta ao Chile, aos 21 anos, apaixona-se perdidamente por Eulogio Sánchez Errázuriz, um amigo da família. Ele era um homem do mundo, alguns anos mais velho do que ela, chefe e fundador da Milícia Republicana. De caráter enérgico e decidido, esse engenheiro civil representava setores da direita para neutralizar as intervenções militares na política.

Ele estava separado de fato e mantinha uma relação pouco comprometida com María Luisa, aludindo impedimentos legais para concretizar o vínculo. O certo é que o desinteresse de Eulogio era evidente. A sua distância e o seu abandono a desesperam a tal ponto que, durante um jantar com a irmã na casa de Eulogio, ela entra no quarto dele, procura um revólver e dispara contra si. Fica ferida no ombro.

"Oh, a tortura do primeiro amor, da primeira desilusão", escreve em *La amortajada* (*A amortalhada*).

Eulogio se muda. Ela o persegue e o encontra. Revista a casa e encontra fotos de outra mulher. Aparenta aceitar o final e vai para Buenos Aires em 1933, convidada por Pablo Neruda – cônsul da cidade naquela época – e pela mulher dele. Lá ela escreve *La última niebla* (*A última névoa*).

Ainda apaixonada por Eulogio, casa-se em 1935 com o amigo Jorge Larco e divorcia-se pouco tempo depois.

Corria o ano de 1941. María Luisa está em Viña del Mar quando lê num jornal que Eulogio voltou ao Chile com a mulher. Não suporta isso. Viaja até Santiago e o procura. Quando o encontra ao sair de um edifício, tira um revólver da bolsa e dispara três vezes contra Eulogio, que sobrevive. Ela escreverá:

"Ao matá-lo, matava minha má sorte, matava o meu urubu".

Como Eulogio não abriu um processo judicial, ela foi absolvida e obteve a liberdade provisória.

A escritora morre sozinha num hospital público do Chile em 3 de maio de 1980.

●●●

2.4. Conheço você de algum lugar

> *Não há nostalgia pior do que lamentar o que nunca, jamais acontenceu.*
>
> Joaquín Sabina

A escolha não é tão por acaso. O homem que dispara esta cascata neuroquímica é um velho conhecido. Alguma coisa nele é familiar, mas talvez não seja algo que esteja à vista. Talvez nem sequer seja algo que ele tenha, mas algo que provoca. Um sentimento conhecido, uma batalha familiar. Um desafio que convida para um jogo que alguma vez foi jogado.

O homem errado é, de alguma forma, o homem certo. É o homem que se encaixa à perfeição em velhos padrões infantis de relacionamento que são bem conhecidos. E é a possibilidade de controlar, salvar, redimir, modificar, reparar ou reivindicar algum capítulo mal encerrado da história. O certo é que o papel que a apaixonada se propõe a desempenhar não se diferencia daquele que essas mulheres desempenharam quando eram crianças.

Sabem muito bem como serem as melhores para serem queridas. Esse é um papel que as mulheres que se envolvem em vínculos de dependência conhecem de cor. Talvez porque tiveram pais que não puderam cuidá-las o suficiente, ou porque tiveram que cuidar deles. Ou talvez o caos familiar fosse muito intenso para trazerem mais problemas. Em todo o caso, não havia muito tempo nem espaço para ser criança. Era preciso ser adulta antes do tempo: responsáveis, estudiosas, aplicadas, perfeitas. A filha que toda a mãe gostaria de ter. Uma eficiência que devora qualquer tentativa de viver uma infância despreocupada e lúdica. Foram crianças superadaptadas e hoje são adultas acostumadas a se esforçar mais do que o necessário.

Também conhecem perfeitamente o mecanismo da comunicação indireta. Essas mulheres provêm de lares disfuncionais, nos quais imperava o segredo, o discurso duplo. Portanto, é lógico que cresceram sendo verdadeiras intérpretes do discurso alheio. Completaram um doutorado na decodificação dos silêncios e em traduzir em palavras cada pequeno gesto, assim como em controlar as emoções negativas dos outros, como a raiva ou a depressão.

Desde muito cedo, sentiram-se responsáveis pela felicidade daqueles que amavam. Se eles não estavam bem, provavelmente era porque elas estariam fazendo algo mau ou deveriam se esmerar mais.

Há uma identidade forçada nelas. Uma espécie de máscara que virou carne e se confunde com a verdadeira pele. Aprenderam desde pequenas que é necessário ser complacente para ser amado e que os desacordos ou a expressão de necessidades diferentes podem ser penalizados com o abandono e o desamor. Dizer NÃO e fixar limites podem ser atos condenados perpetuamente. É assim que foram crescendo e se transformando em boas pessoas. São aquelas que respondem às necessidades do outro mesmo antes que lhe peçam. As que estão sempre disponíveis. As que fazem tudo e bem. As que terminam esgotadas diante de tanta exigência e as que não obtêm nenhum reconhecimento para semelhante entrega, porque a demanda do outro é sutil e implícita. Não se agradece o que ninguém pediu.

Pior ainda: mais cedo ou mais tarde, serão acusadas de invasoras, controladoras, manipuladoras e de obstruir o crescimento dos demais.

E, com isso, carregarão um novo peso em sua mochila já bastante pesada: a culpa.

...

A discípula temida

Camille Claudel e Auguste Rodin

No final do século XIX, não era fácil ser mulher e trabalhar com escultura. Camille Claudel nasceu em Fère-en-Tardenois, em Aisne, perto de Paris, em 1864.

Desde pequena mostrou a sua inclinação para a arte e teve de driblar grandes dificuldades até chegar ao ateliê do escultor Alfred Boucher, um dos mais importantes da época.

Não era difícil perceber o talento da jovem, a quem seu mestre incentivava fervorosamente.

Quando Boucher tem de partir para Roma, deixa o ateliê nas mãos do escultor Auguste Rodin, que não tardará em ficar subjugado pela obra da jovem artista.

Sem dúvida, Camille encontrou no mestre o olhar de aprovação de que precisava para a sua obra. Deslumbrada por Rodin, passa a ser sua assistente e, dois anos depois, se muda para o seu ateliê.

Sempre ofuscada pelo mestre, a artista precisava lutar para que a legitimidade de sua obra fosse considerada. Um manto de suspeita pairava sobre as suas esculturas, já que a perfeição delas obrigava os medíocres da época a pensarem que uma mulher não era capaz de tanto talento.

Na sua necessidade de se libertar da sombra e das garras de Rodin, Camille dá por terminada a relação depois de quinze anos, pois percebeu que nunca seria reconhecida nem como mulher nem como artista.

Procurando a sua identidade e tentando escapar da humilhação que sentia, isola-se e dedica-se a trabalhar com intensidade. Trancada em casa com seus gatos, seu fraco equilíbrio começa a ficar vulnerável. Soma-se à sua pobre saúde mental a difícil situação econômica.

Desenvolve uma paranoia e começa a destruir as próprias obras. Tinha medo de ser envenenada e sentia-se ameaçada por Rodin, que, segundo ela, queria destruí-la.

Em 1914, foi internada no asilo de doentes mentais de Montdevergues, onde, apesar de ter tido alta pouco tempo depois, permaneceu durante trinta anos, até a sua morte, esquecida e confinada. Somente o irmão a visitava uma vez ao ano.

Camille escreveu: "No fundo, tudo isso surge do cérebro diabólico de Rodin. Tinha um único temor: que, uma vez morto, eu progredisse como artista e o superasse; ele precisava acreditar que, depois de morto, seguiria me possuindo entre as suas garras, assim como fez em vida".

Aos 79 anos, depois de haver suplicado que a tirassem do confinamento e apesar da insistência dos diretores do hospital nesse sentido, Camille morre só, incompreendida, talvez vítima da sua própria genialidade e da surdez de uma época que não pôde escutá-la.

Camille pagou o preço de ter desejado passar à história como alguém mais do que a amante de Rodin.

• • •

A QUE MORREU DE AMOR
Violeta Parra e Gilbert Favré

A grande folclorista popular Violeta Parra (1917-1967) nasceu em Chillán, no sul do Chile.

"O dia que eu não tiver um amor para dedicar as minhas canções, largarei meu violão num canto e me deixarei morrer. A quem me achar velha para desabafos sentimentais, eu argumento que o amor não tem idade", declarou a chilena Violeta Parra, em Santiago, ao voltar da sua viagem à Europa.

Pouco depois, no domingo de 5 de fevereiro de 1967, um tiro certeiro na têmpora deu fim à vida da inesquecível "Viola" aos 49 anos. "Gracias a la vida" foi o hino que compôs como agradecimento e despedida.

A cantora havia tido dois casamentos anteriores, mas o grande amor da sua vida foi o antropólogo e musicólogo suíço Gilbert Favré, que lhe inspirou belas e doloridas canções de amor, como "Que he sacado con quererte" ("O que ganhei por te amar").

Os biógrafos não são unânimes ao descrever as razões da sua trágica decisão: a sua conflituosa relação com Gilbert Favré, que partiu para a Bolívia em 1966, a falta de reconhecimento das instituições do seu país, a tenda de arte popular que havia montado na comunidade de La Reina que não ia nada bem. O certo é que não era a primeira vez que a grande compositora chilena tentava pôr fim à sua dor de forma tão brutal. Já havia tentado cortar os pulsos um ano antes de partir definitivamente.

"Maldigo o vocábulo amor com todo o seu lixo, tamanha é a minha dor."

"Meu nome é Violeta Parra, mas não tenho muita certeza. Tenho cinquenta anos à disposição do vento forte. Na minha vida, tudo foi muito seco e muito salgado, mas assim é a vida exatamente, um combate que ninguém entende. O inverno penetrou no fundo da minha alma e duvido que em alguma parte exista primavera; já não faço nada de nada, nem sequer varrer. Não quero ver nada de nada, então coloco a cama na frente da minha porta e vou embora."

• • •

2.5. Para dançar tango, é preciso dois

De cada amor que tive trago feridas; feridas que não fecham e ainda sangram.
Tarde
José Canet

Nada mais atraente para uma mulher com estas características do que um homem surpreendente. Para elas, que caminham pela vida sobre terreno seguro, dando passos metódicos e previsíveis, que são organizadas e sistemáticas, a fascinação que exerce um homem caótico e desestruturado fica evidente. Finalmente, encontraram um lugar onde se sentem úteis e com muitas tarefas a fazer. É verdade, ninguém lhes pediu, mas o *partner* desta dança sabe se deixar amar. E elas sentem-se atraídas por este homem, mistura de menino e boêmio, esquivo e inseguro, talvez machucado, viciado em substâncias ou raivoso e compulsivo. Não existe antidepressivo mais poderoso que semelhante empreendimento. Sem dúvida, não é o mesmo conquistar um homem reticente e conflituoso e um que se mostra acessível, estável e previsível. Ouvir palavras de amor de um homem sóbrio e distante pode fazê-las sentirem-se como as deusas do Olimpo. É impossível não sucumbir diante daquele que foi cobiçado por todas, que não ficou com nenhuma e que murmura que ainda não encontrou uma mulher que o apaixone, que o faça "voar", como dizia o protagonista de *O lado obscuro do coração*, filme de Eliseo Subiela.

Sentir-se a escolhida é como ganhar o grande prêmio. Elas desejam acreditar nele, e ele oferece os seus melhores elogios.

É então que experimentam a doce sensação de ter encontrado a outra metade, de sentir que um completa o outro. É mágico descobrir que não há diferenças. Os dois querem o mesmo, sentem o mesmo e têm essa estranha percepção do já vivido, de se conhecerem de toda uma vida nos primeiros cinco minutos que estão juntos. A idealização do amado apaga todo sinal de inconveniência. E não é somente a agradável sensação de tê-lo encontrado. É também a experiência orgulhosa de ter sido a escolhida. O amado a faz sentir-se única, bela, inteligente, poderosa. É o espelho mais maravilhoso em que já se olhou. Ninguém em são juízo poderia manter os pés na terra nessa situação.

Algo similar ocorre com alguns homens. Os dependentes afetivos são aqueles que dizem que desejam formar um casal; no entanto, não escolhem a mulher com quem poderiam concretizar isso. Apaixonam-se por mulheres escorregadias e infantis que os convidam ao controle e ao ciúme permanentemente. Sofrem porque elas os enganam, mas as mulheres mais confiáveis lhes parecem assexuadas. Escondem o medo da intimidade emocional envolvendo-se em relações nas quais têm que fazer trabalhos de detetive ou ficam obcecados por mulheres a quem não conseguem satisfazer nunca. Dão presentes caros para elas, as levam em viagens e lugares sofisticados, esperam por elas e vão buscá-las em todos os lugares, mesmo quando elas os evitam e até, às vezes, os humilham.

Eles acreditam que devem oferecer mais e não hesitam em hipotecar a vida no desejo de serem olhados por uma mulher que só tem olhos para si mesma ou para outro.

Star 80
Dorothy Stratten e Paul Snider

Não se entrava facilmente no império de Hugh Hefner. Ser uma *playmate* ou coelhinha da *Playboy* era sinônimo de ser alguém especial. E, sem dúvida, isso era verdade para a belíssima Dorothy Stratten, uma loira estonteante que foi a cara da revista nos anos 80.

Com apenas vinte anos, a jovem nascida no Canadá havia sido alçada à fama e era a fantasia masculina por excelência.

Trabalhava num local para refeições rápidas quando um jovem empresário local de 26 anos a descobre e a convence de enviar fotos para a *Playboy*. Como era menor, falsifica a assinatura da sua mãe para poder assinar um contrato com a revista.

Com somente dezenove anos, casa-se com Paul Snider, seu "descobridor" e quem havia se transformado praticamente em seu dono. Ele dirigia a carreira de Dorothy e acreditou, portanto, que tinha comprado o direito pela vida da jovem.

Em agosto de 1980, farta do ciúme de Paul, Dorothy separa-se e dá início ao processo de divórcio.

Ela havia se apaixonado por um homem que lhe abria as portas para um mundo novo: o produtor de cinema *cult* Peter Bogdanovich, respeitado no mundo da sétima arte.

Arrebatado de fúria e ciúme, Snider foi procurá-la em seu apartamento de Los Angeles. Ninguém sabe por que Dorothy o recebeu. As crônicas da época contam que quem escutou a discussão deduz que a jovem estava perto da porta e teve a oportunidade de fugir várias vezes. Talvez tenha pensado que poderia acalmar a fera, que lhe devia algo. Talvez tenha se sentido culpada e teve pena.

Paul Snider a matou logo depois de violentá-la. Depois se suicidou no mesmo apartamento.

Bogdanovich escreveu tempos depois um livro inspirado nessa história: *The Killing of the Unicorn*.

• • •

ATÉ QUE O FOGO NOS SEPARE
Patricia Titus e Eugênio de Jesús Lemes

Patricia Alejandra Titus, 24 anos, professora de inglês, queria terminar uma tempestuosa relação com Eugênio de Jesús Lemes, 31 anos. Os pais dela, talvez temendo o pior, insistiram para que pusesse fim nesse conflituoso namoro. Um mês antes do trágico desenlace, Eugênio teria tentado acabar com a própria vida tomando pílulas depois de uma discussão na qual Patricia havia sido agredida. As testemunhas sustentam que em duas ocasiões a jovem sofrera violência física sem que nenhuma denúncia fosse feita.

Em 28 de março de 2004, encontraram-se para passear pelo centro de Eldorado, na província argentina de Misiones. Eles tinham discutido porque Patricia queria deixá-lo.

Talvez Eugênio tenha sentido que não poderia

viver sem ela. Talvez tenha pensado que ela poderia amá-lo à força, que ele poderia possuí-la contra a vontade.

O certo é que, segundo contam os relatórios policiais, Eugênio colocou Patricia no carro dela e atou as mãos dela atrás do encosto do banco do acompanhante com uma fita adesiva. Dirigiu até a casa dos pais de Patricia. Entrou na garagem e, quando o pai dela desceu, borrifou-lhe o rosto com gás lacrimogêneo e lhe bateu. Eugênio Lemes agiu usando máscara e luvas para não ser descoberto. Repetiu o mesmo procedimento com a mãe de Patricia e fugiu no Renault 18 dela depois de deixar na casa a máscara e as luvas, como uma mensagem clara aos pais de Patricia.

O Renault 18 apareceu queimado no acostamento da Estrada Nacional 12 com o cadáver de Patricia de mãos atadas e carbonizado. Eugênio foi encontrado a quinhentos metros do local com algumas queimaduras. Não sabemos se ele se queimou ao atear fogo no carro com a namorada dentro ou se ele estava dentro do veículo quando este começou a incendiar depois de uma colisão contra um barranco e uma capotagem.

Patricia não teve a sorte de escapar. Um homem a havia atado à morte; o mesmo homem que ela talvez acreditasse ter salvado da morte para que não se suicidasse quando foi abandonado.

Eugênio Jesús Lemes cumpre uma condenação a vinte anos de prisão por violação de domicílio, privação ilegítima da liberdade, seguida de morte não desejada, em concurso real.

• • •

TERCEIRA PARTE

A DESILUSÃO

3.1. O ocaso dos deuses ou o rompimento da paixão

> *Nunca é triste a verdade, o que não tem é remédio.*
>
> JOAN MANUEL SERRAT

"No primeiro mês juntos, G. explodiu de raiva porque um pneu do carro furou quando voltávamos de uma festa. Eu não entendia nada. Não sabia por que se irritou tanto com algo tão irrelevante. Falava comigo com tanta fúria que me senti muito mal. Fique paralisada. Depois, esses episódios foram se repetindo cada vez mais. Eu seguia apaixonada. Sentia-me cada vez mais impotente e frustrada, mas era incapaz de me afastar. Por acaso o amor não perdoa tudo?"

"Depois de um tempo, começaram as discussões, as idas e vindas, os seus maus-tratos e a sua crueldade verbal, que eram intercalados com gracinhas e presentes. Nessas discussões, eu me fazia de forte, mas sempre voltavam a acontecer, e isso me destruía porque sentia que minha autoestima e dignidade evaporavam."

(Testemunhos anônimos)

E um dia, sem aviso prévio, chega o momento tão temido. Tudo começa com uma leve crítica que escapa por acaso. No entanto, a sensação é tão dolorosa como uma pontada no estômago. O céu parece cair. A primeira reação é o aturdimento ou a culpa.

"Talvez não tenha entendido bem, e ele não quis me dizer isso"; "Ele tem razão, eu sempre estrago tudo"; "Tem ciúme de mim e me persegue porque está loucamente apaixonado."

Também para ela, os bem aceitos mecanismos de defesa começam a ruir e consegue perceber algumas coisas que a incomodam e lhe desagradam. Ela descartará esses pensamentos, mas os intrusos insistirão com força. De todos os modos, o medo é mais forte e só a possibilidade de ver o seu mundo cair afastará qualquer ameaça.

Quando uma dependente afetiva construiu uma relação na sua fantasia, mais além dos indícios da realidade, não é somente o presente que fica ameaçado caso a relação fracasse: é todo um futuro que ela havia construído no seu íntimo. Portanto, não é o amado, que ela conhece há apenas dois meses, quem corre o risco de desaparecer da sua vida. É o homem com quem pensava compartilhar sonhos, viver junto, ter filhos, construir projetos profissionais e econômicos e apresentar-se ao mundo. Essa ilusão é o que é verdadeiramente viciante. O outro é uma promessa de felicidade.

"Toda a relação deve ser trabalhada, nada vem facilmente, sobretudo quando não se tem vinte anos", ela dirá, numa tentativa de resgate para não encarar uma realidade sombria que se avizinha.

É aí que decide redobrar a aposta. Momento crucial de decisão: partir e admitir o fracasso de ter escolhido alguém com quem o sofrimento é uma certeza ou tentar um pouco mais. Para isso, serão necessárias várias coisas: lutar contra os próprios demônios que lhe dizem para insistir, que todos os homens são iguais, que ela já não é tão jovem e o mercado está difícil, que talvez tenha se tornado muito exigente e está lendo muita literatura feminista, que quem lhe diz para se separar são velhas que estão sozinhas e ressentidas.

E, externamente, a perseguição será demolidora.

O caçador não vai soltar facilmente a sua presa. Haverá promessas de mudança, de acomodação, noites eróticas de reconciliação, presentes e visitas de bom grado ao terapeuta.

Internamente, os fantasmas voltam a ficar à espreita. A mera possibilidade de ficar sozinha de novo ou de viver o luto a deixa acovardada.

Momento crucial, dizíamos, já que muitos casais saem bem dessa desilusão e começam o árduo trabalho da aceitação. O outro não é como se havia imaginado, nem elas são as deusas do Olimpo. No entanto, é possível ainda amar com essas lacunas e apesar delas. Esses são os amores que avançam por um caminho de crescimento e de profundidade. Nada será como antes, é verdade, mas o que virá é mais terno, mais seguro, mais previsível. É um terreno sobre o qual é possível construir um projeto. A frustração de não ser tudo para o outro abre caminho para um tempo de amadurecimento. O companheiro deixa de ser um adolescente caprichoso e rebelde e passa a ser um adulto mais conciliador e tolerante.

No entanto, em muitas relações, como dizíamos, não se consegue avançar. O estado de ternura não produz o mesmo efeito anestésico da paixão. O amor terno não é uma droga poderosa, nem gera vertigem e adrenalina. A sexualidade é mais calma e parece entediante.

Portanto, segue-se pedindo ao outro que seja como antes, aquele da ilusão, o que nunca foi. E a satisfação dessa demanda é impossível.

Porque a realidade é que ela não gosta e não aceita o homem que está descobrindo. Com esse homem, não é possível imaginar o que se tinha fantasiado no princípio. Também é verdade que nesse tipo de vínculo não se escolhe alguém que seja capaz de avançar em direção de uma rotina tranquilizadora. Não esqueçamos que ela se sentiu atraída por um homem que garantia sobressaltos e surpresas. Dessa forma, há excitação garantida.

Momento crucial: mais uma taça e nada mais, abrir um novo maço, sair correndo do cassino, apesar de ter perdido, para não perder ainda mais. A razão ou a obstinação. O pensamento ou a compulsão. Fazer o que convém ou o que se deseja.

É difícil não tentar mais uma vez quando se trata de supermulheres obstinadas à força de pura garra e vontade, que estão habituadas a enfrentar os mais duros desafios. E se ele dá certo com outra? E se depois me arrependo? E se termino sozinha?

Virá um tempo de brigas e reconciliações, de promessas e desencanto. Sabe que está jogando a última ficha, ou, pelo menos, acredita nisso. E decide apostar, mesmo que isso lhe custe a vida.

• • •

O ÚLTIMO FILME DE MARIE

Marie Trintignant e Bertrand Cantat

A filha do ator francês Jean-Louis Trintignant morreu no dia 1º de agosto de 2003, em consequência dos golpes desferidos por seu companheiro, o vocalista do grupo de rock Noir Désir, Bertrand Cantat.

A fama e a popularidade fazem com que essas notícias tenham um impacto muito mais forte. Às vezes, pensamos que uma mulher talentosa, bonita, inteligente e famosa está imune a esse tipo de acontecimento. Talvez por isso o espanto.

Atriz comprometida com os direitos da mulher, ela havia trabalhado em uma série de filmes; entre eles, um realizado por sua mãe e no qual reivindicava o direito ao aborto.

Não se sabe exatamente o que ocorreu naquela noite, no quarto de um hotel na Lituânia. Sabe-se que, em meio a um coquetel de violência e álcool, explodiram os gritos, os insultos e, finalmente, as pancadas, sempre desiguais quando se trata de um homem e uma mulher. Tampouco sabemos se o edema cerebral que levou Marie à morte foi consequência direta dos socos ou de um traumatismo craniano provocado quando ela caiu desmaiada.

Bertrand deixou passar toda a noite para pedir ajuda. Pela manhã, Marie estava em coma, e já era muito tarde para salvá-la.

Como sempre, nesses casos, ele dirá que não teve a intenção de matá-la. E certamente é verdade. Uma vez desencadeada, a escalada de violência é incontrolável.

A intenção primeira não é matar. Trata-se de ganhar uma discussão, inverter uma decisão, conseguir uma confissão, forçar o outro a dizer e a aceitar algo que não quer aceitar ou que não fez, descarregar a raiva de um ataque de ciúme, controlar, dobrar, submeter.

A mulher o enfrenta e se excede. Gritam, discutem, se empurram, quebram coisas, há ameaças. Dizem coisas dolorosas, humilhantes. Ela só pode atacar com as palavras e não consegue medir as consequências. Ou acredita que poderá controlá-lo.

E, num instante, a incredulidade.

Os fãs de Cantat sustentaram com veemência durante certo tempo a hipótese de um acidente, mas os médicos-legistas manifestaram-se com contundência: Marie Trintignant não morreu em consequência de uma queda. Seu rosto evidenciava numerosos golpes, e as lesões cerebrais eram similares às de alguém que caiu sem capacete de uma moto.

Dirão que Cantat não teve a intenção de matar. Mas Marie, 41 anos, grande atriz, mãe de quatro filhos, bela, inteligente, comprometida, hoje está morta.

• • •

O CÉU É O LIMITE
Lisa Nowak e Bill Oefelein

Lisa Nowak foi notícia quando se tornou uma das poucas mulheres astronautas da NASA a participar como tripulante em uma missão do ônibus espacial Discovery. A engenheira aeroespacial com mestrado em engenharia aeronáutica nascida em Washington em 1963 coroava assim um grande êxito na carreira espacial. Trabalhava na NASA desde 1996 em tarefas de controle de missões e comunicações em voos tripulados.

Casada e com três filhos, um dia deixou de lado medalhas, diplomas e honrarias e, como se estivesse possuída pela fúria e pelo ciúme, destroçou a sua carreira e a sua vida.

Lisa foi acusada de borrifar com gás de pimenta, através da janela do carro, no aeroporto de Orlando, aquela que considerava ser sua rival no amor de um homem: a sua colega, a astronauta Colleen Shipman. Colleen enviava mensagens de texto e talvez mantivesse uma relação amorosa com Bill Oefelein, outro astronauta com quem Lisa havia tido um romance.

Lisa declarou-se inocente da tentativa de sequestro e agressão; não obstante esse fato, foi presa. Saiu sob fiança, mas com um rastreador colocado em seu tornozelo para vigiar que não se aproximasse de Colleen.

O ciúme não a deixou pensar quando dirigia como louca pelo trajeto de 1.500 quilômetros que separam Houston (Texas) de Orlando (Flórida) para encarar a sua rival. Não conseguiu pensar no marido e nos três filhos. Não conseguiu pensar nas consequências para a sua carreira e para a sua vida quando colocava no carro uma pistola de ar comprimido, uma faca, luvas de borracha, sacos de plástico e um dispositivo para lançar gás de pimenta.

Quando se manifestou diante do juiz, Lisa disse que só queria conversar com Colleen e nunca teve a intenção de machucá-la.

Os seus sonhos de olhar a Terra do espaço e de flutuar graciosamente contra a lei da gravidade desmoronaram quando a NASA a demitiu do corpo de astronautas em março de 2007. Lisa foi enviada novamente ao exército enquanto espera o seu processo judicial.

• • •

3.2. Golpes que não deixam marcas visíveis: a violência emocional

(A cena ocorre em uma delegacia. O diálogo se dá entre uma mulher, vítima de agressão conjugal, e um policial.)

P: Diga, onde ele a agrediu?
M: Não tenho nada por fora, é por dentro.
P: Tente descrever o que aconteceu. Disse que não a agrediu fisicamente. Fez insultos? Fez ameaças verbais?
M: Quebrou tudo.
P: Quebrou os seus objetos pessoais?
M: Tudo, quebrou tudo, tudo, tudo...

Do filme *Pelos meus olhos*, de Iciar Bollain

É muito difícil ter uma clara consciência dos maus-tratos emocionais. É uma violência calada, muda, imperceptível ao olho não treinado. Qualquer observador externo veria nesses simples gestos cotidianos uma expressão da áspera rotina que une duas pessoas e nada mais. No começo, é uma crítica: "Digo para o seu bem". Logo são olhares, gestos, sarcasmos, ironias, desqualificações veladas. Não há marcas visíveis, mas o efeito é demolidor.

O silêncio e a indiferença podem ser armas mortais quando utilizadas convenientemente. Lembremos que nesses vínculos há uma mulher com uma identidade frágil, dependente da aprovação externa, desesperada por ser aceita e querida. Ela o aborda com frequência, precisa saber. Pergunta se ele a ama, se está bem com ela, se tem alguma coisa, pois está tão calado, se ela fez algo que o incomodou.

Silêncio.

Dentro da sua cabeça, ao contrário, centenas de vozes gritam: "o que eu fiz de errado, meu Deus, o que eu disse, no que falhei?".

Ela corrige a ação às cegas, não sabe por onde avançar e então o faz pelo pior caminho: a insistência. Ela exagera ao demandar; ele, ao evitá-la. O silêncio a tortura. É uma ameaça permanente que a deixa vidrada com os olhos nele. Não consegue reagir. Não consegue pensar que não é ela a responsável pelo seu mau humor ou pelo seu mutismo. Responsabilizou-se por tudo durante toda a vida e agora, como é natural, supõe que é a responsável pela infelicidade do seu amante. Se ele é infeliz, é por culpa dela. E o pior é que não sabe o que fazer para tirá-lo desse estado. Cada vez que se aproxima para tentar, ouve um resmungo. É claro, diremos, ninguém suporta alguém que faz marcação cerrada todo o dia.

Então tenta desvencilhar-se e concentra-se em sua própria vida. Mas não será tão fácil. Pelo canto do olho, está controlando tudo. Se hoje ele chegou melhor, se faz dias que não fazem sexo, se vestiu as melhores roupas para trabalhar.

Ela montou um mundo sobre a base desse amor. Não pode descuidar do mínimo detalhe. Não se perdoaria.

Chega o dia em que não suporta mais e explode. Diz tudo que esteve segurando durante meses e verbaliza as coisas que só foram ditas pela metade. Mas descobre com horror que não há lugar para a sua raiva nessa relação e muito menos para a depressão ou o mau humor. É uma relação na qual as reclamações não podem ter espaço. "Se vamos começar com isso, nos separamos", diz ele. E ela retrocede arrasada, confundida, aturdida, humilhada.

As mulheres que participam desses vínculos foram aceitando os maus-tratos como algo natural. As coisas que no começo pareciam insuportáveis foram se acomodando no decorrer do tempo e agora não parecem tão graves. Os limites de tolerância ao sofrimento e à dor emocional parecem ser muito altos: suportam o que outras mulheres não tolerariam nem um minuto.

O crescimento desse tipo de violência é quase imperceptível. Ele é um sedutor e um manipulador bem treinado. As pessoas o adoram, é encantador com todos; portanto, os demais dirão que ela está exagerando, que está louca e que interpreta tudo errado.

Por outro lado, ela não confia nas próprias percepções. Em muitos casos, foi abusada na infância e, assim, não sabe em quem confiar e em quem acreditar. Somente sabe que se sente muito mal, que a dor no peito é cada vez mais forte, que não consegue dormir, que não tem apetite, que não consegue se concentrar.

Sente-se frágil e vulnerável, seu corpo fica doente. Tínhamos mencionado alguns desses sintomas na fase da paixão. **Provavelmente ela acredite que essa dor na alma é amor.**

As mulheres que participam desses vínculos estão longe de ser inúteis ou bobas. Ao contrário, trata-se de uma mulher super-responsável, com tendência à culpabilidade e, sobretudo, vital e poderosa.

Tais mulheres têm todos esses atributos, mas estão desvalorizadas e não acreditam neles. Sempre se sentem em falta e, no fundo, sentem que não são merecedoras do amor, do bom amor. Cresceram desenvolvendo uma pobre autoestima e têm personalidade com aspectos melancólicos.

Por que vemos, tão seguidamente, relações assimétricas que não podemos explicar e que levam o observador externo a se surpreender?

Por que tantas mulheres permanecem ao lado de homens que as maltratam emocionalmente sem poder se desgrudar deles?

Por que, se são tão inteligentes, produtivas e capazes em outras áreas da vida, não são capazes de discernir com clareza na hora de escolher o companheiro?

Dissemos antes que se trata de um encaixe perfeito. Há algo que elas não têm e que veem no outro. Não sabem bem o que é. Mas as deslumbra.

Uma mulher inteligente e poderosa, mas ao mesmo tempo insegura e desvalorizada, se sentirá seduzida por um homem narcisista. Se esse homem maravilhoso a olhar, ela se sentirá valorizada. O que não sabe é que ela o idealizou e vê nele características que ele realmente não tem. Portanto, ela tem que se destacar, mas não tanto que possa ofuscá-lo.

Uma mulher com compulsão por dar e que não pede nada em troca encaixa-se à perfeição com um homem egoísta e mesquinho. Só que, no momento em que ela quiser pedir, irá se deparar com alguém que não tem nada para dar.

Uma mulher responsável, poderosa e com escasso contato com o prazer vai admirar um homem imaturo, infantil, criativo e pouco estruturado. Ela ficará encantada com a capacidade dele para o ócio, e para ele será oportuna a relação dela com o dever.

Essas mulheres apresentam todos os traços que as fazem o alvo perfeito para um impostor, um manipulador, um mentiroso ou um explorador. Elas têm uma tendência à idealização porque precisam desesperadamente amar alguém e escolhem, portanto, alguém que sabe se vender bem.

Dizíamos antes que não podemos esperar que um faminto escolha bem qual é o melhor alimento. Ao contrário, pensamos que em sua desesperada procura verá como um manjar saboroso qualquer resto de comida que lhe ofereçam. Da mesma forma, uma dependente emocional é como uma mendiga de amor e não será muito seletiva na hora de fazer as suas escolhas.

Dizíamos que essas mulheres tendem a idealizar os companheiros. Isso quer dizer que atribuem a eles características que, na verdade, não possuem e, por outro lado, aumentam e exageram até a perfeição outros traços que eles, sim, têm. Essa dinâmica vem pelas mãos da negação, outro mecanismo psicológico que tende a ocultar ou apagar da consciência tudo o que não queremos ver. A mulher que acredita ter encontrado seu homem apagará todo dado ou indício que não se encaixe no ideal de homem que ela acreditou encontrar. Desse modo, interpretará como interessante um homem que na verdade é distante e esquivo, ou verá um artista brilhante e provocador em alguém que, talvez, seja um transgressor sem escrúpulos, ou acreditará ver aspectos muito viris e protetores em um homem violento. Um bipolar irá lhe parecer surpreendente, e um vagabundo irresponsável poderá ser visto como um boêmio intelectual.

Mas o que é comum em todas as escolhas é que estas mulheres com autoestima baixa escolherão alguém que se ama de uma forma tal que os demais quase não cabem em seu mundo. Um homem narcisista, com pouca capacidade para dar amor e para satisfazer as necessidades dos outros.

No entanto, isso não é um problema para a dependente emocional, que, a princípio, está muito ocupada em capturar e seduzir este galã que todas querem. Empregará todos os meios para ser "a melhor", "a insubstituível", "a gueixa", enquanto o companheiro não oporá maior resistência em se deixar amar e conquistar. Quando ela acreditar que ganhou o amor do outro e sentir que por fim conseguiu vencer a sua barreira emocional, pedirá a sua parte. Ela vai querer cobrar a "fatura" e reivindicará ser amada, cuidada e atendida da mesma forma.

O seu espanto será grande ao comprovar que o outro não está disposto a cumprir com essa parte do contrato, não somente porque não era isso o combinado, mas devido a algo mais grave. Ele não tem como.

Não se pode dar o que não se tem, e ela escolheu alguém que tem amor só para si mesmo.

Na dependência emocional é difícil encontrar relações de paridade. De fato, um casal no qual o amor seja recíproco é um modelo afetivo, em que será estranho que ocorram situações de submissão e maus-tratos emocionais.

As mulheres que estabelecem vínculos dependentes situam o companheiro num lugar de poder de onde o outro pode exercer sobre elas uma influência digna de um bruxo.

A fascinação que esse tipo de homem provoca nelas somada à sua grande carência afetiva e a um estado de necessidade que as priva da capacidade de escolha resulta em um coquetel explosivo para fazer surgir uma relação de exploração emocional.

Antes dizíamos que esta é uma dança que precisa de duas pessoas. E vemos que há dois bailarinos cujos passos se encaixam com perfeição. Talvez a diferença resida no fato de que a mulher que é vítima desse tipo de violência não conhece todas as regras do jogo. Em certo sentido, o narcisista a faz atuar, e ela compõe a sua personagem sem ter muita consciência. Há um momento dessa dança em que há dois bailarinos, mas só um marca o compasso. A companheira começa a sentir-se mal, mas não entende muito bem o porquê. Está aturdida, bloqueada, não consegue pensar.

As mensagens que recebe são contraditórias: no plano verbal, lhe dizem uma coisa e, de fato, ocorrem outras. Enquanto num canal de comunicação ela ouve declarações amorosas que a fazem se sentir única e desejada, em outro canal recebe indícios (gestos, silêncios, desculpas, ironias) que não correspondem aos primeiros.

Quando a atriz francesa Isabelle Adjani pôs fim a uma relação de dois anos de vida em comum com o músico Jean Michel Jarre, o acusou de "*serial killer* emocional". O músico já havia abandonado a atriz Charlotte Rampling por ela, de modo que não era a primeira vez. "A sedução é a arma fatal de um perverso", dizia a atriz, referindo-se à possibilidade de levar a outra pessoa à morte sem ter que tocá-la. Ela já havia sabido pela imprensa que estava sendo enganada ao ver uma foto de Jarre com outra mulher na mesma época em que eles planejavam casamento. Em uma entrevista concedida à revista *L'Express*, Isabelle fez quase um ensaio sobre o tema infidelidade, mentira e manipulação.

Quando a jornalista perguntou sobre as diferenças entre um farsante e um ator, Isabelle respondeu:

"Um perverso faz a sua companheira desaparecer: a reduz ao estado de seu objeto [...]. Na vida real, um 'ator-farsante' organiza ele mesmo a sua posição na cena. E o faz para que tudo esteja arrumado a seu favor, para conseguir os seus fins... Então, a pessoa que está sendo manipulada fica à sua mercê. Responde a ordens que não consegue entender como ordens, a instruções que não consegue reconhecer como instruções. É um instrumento... A vítima não vê nada, não entende nada. Em resumo, eles não atuam juntos. Essa é a maior diferença".

Qual é a arma que pode matar um dependente emocional?

A ameaça de abandono, o desamor, o engano, o silêncio. Ela precisa saber que ele a ama e que ama somente a ela. E a sua necessidade a deixa vulnerável à mais ínfima mudança de humor ou atitude que possa indicar que não é amada.

Como um jogador compulsivo, subirá a aposta. Se não é suficiente tudo o que sou, que dou e faço, então me esforçarei em dobro. Ela não consegue sair do jogo. Sente que está perdendo e pretende recuperar o investimento. E perderá muito mais.

Uma das características da comunicação na violência emocional é que ela não é direta. As insinuações, a linguagem não verbal, os comentários sarcásticos, as piadinhas – "Não vê que você é uma louca que não tem senso de humor?" – e, sobretudo, o silêncio. Esse tipo de comunicação confunde, atordoa e faz o outro ficar mais preocupado. É uma comunicação que tenta deixar o outro num estado de intranquilidade permanente para poder ter controle sobre ele.

Vejamos com precisão o significado de alguns termos:

- SARCASMO: Brincadeira feroz, ironia mordaz e cruel com a qual se ofende ou se maltrata as pessoas.

- DESQUALIFICAR: Desacreditar, desautorizar ou incapacitar.

- DESPREZO: Falta de estima e de apreço. Menosprezo, desdém.

Esses são alguns dos mecanismos com os quais se exerce o controle no abuso emocional.

Na comunicação perversa, aquele que exerce violência emocional desperta a loucura no outro. Não é raro escutar uma mulher dizer que, enquanto ele falava num tom monótono, distante, frio e sem levantar a voz, ela sentia que ele lhe desferia punhaladas no peito. As coisas mais terríveis podem ser ditas com um sorriso no rosto. Quando ela acredita enlouquecer e começa a gritar, a pedir esclarecimentos e a se defender, será acusada de louca ou histérica, e ele dará por terminada a discussão. No capítulo sobre estresse conjugal, veremos os estragos que essa situação provoca na saúde.

Os maus-tratos psicológicos vão ficando naturais nas relações a tal ponto que, em muitos casos, para quem sofre, é difícil reconhecê-los. As mulheres que integram esses casais se queixam de muitas outras coisas – das depressões, das angústias, da falta de desejo, da falta de energia –, mas não conseguem relacionar esse estado aos maus-tratos a que estão submetidas. São como boxeadoras que somente veem os hematomas e sentem dor quando saem do ringue.

Quando escutamos as suas histórias, percebemos um fator comum: todas elas eram, no início da relação, mulheres poderosas, vitais, hiperativas, sedutoras. Com o passar do tempo, começam a murchar, como se alguém as vampirizasse.

O que vemos é que emprestaram a sua potência a um homem impotente, alguém que não é capaz de arcar com a própria vida. Elas percebem isso e não gostam. Querem ver nele um homem forte e valioso, de tal modo que lhe outorgam os seus próprios recursos para ver nele o amado com quem sonharam. No entanto, quando esse homem se apodera desses recursos e os toma para si, elas ficam vazias. São eles agora que as deixaram impotentes.

Elas esperam um reconhecimento que não chega. Mendigam, imploram. Fazem cobranças, irritam-se, criticam, querem fazê-lo lembrar que elas tinham lhe emprestado a vitalidade para serem amadas. Idealizaram-no, e o outro não teve nenhuma dificuldade de acreditar. Elas sabem escolher alguém cujo narcisismo está intacto. E agora é ele que as ameaça.

Se ela deixa de idealizá-lo, ele vai embora com outra que o olhe com fascinação. O narcisista não aguenta que deixem de adorá-lo. E muito menos que venham lhe dizer o que lhe falta ou no que ele falha.

Elas criaram um ídolo para adorar, e ambos se apaixonaram por ele. Quando ela começa a se ressentir porque precisa ser afagada e reconhecida, percebe que não há mais espaço. Nessa cama, todo o espaço é ocupado por ele.

É aí que começa a escalada da violência. Ela quer recuperar o brilho que lhe pertence, mas ele já se apropriou dele. E é fácil abandonar uma mulher que ficou vazia, suplicando, sem projetos, dependente. E que, além disso, grita como uma histérica ou se deprime e chora. Essa é a cena temida. E qualquer coisa, por menor que seja, será melhor do que o abandono. Então, volta à posição inicial, volta a omitir as reclamações e fica.

Mas chegará um tempo em que não suportará mais.

Não poderá dissimular a ressaca emocional, e a dor será percebida no rosto e no corpo. Assim como o fumante que um dia se encontra diante da radiografia do pulmão deteriorado e esta lhe avisa que o seu tempo está acabando, a viciada em uma relação sente que já não há autoengano que resista. Não sabe como enfrentar o meio. Todos já percebem o que ela está passando e somente esperam um sinal para entrar em cena.

Nessas relações vai se produzindo um isolamento social que piora o quadro, uma vez que não há redes para pedir ajuda.

O trabalho de isolamento é sutil e progressivo. Ele diz que suas amigas e seus familiares têm inveja dela ou fica chateado ou bravo quando ela se encontra com certas pessoas. Do terapeuta, nem se fala, pois será demonizado por "lhe encher a cabeça".

A primeira coisa a fazer é sair da posição de objeto. Deverá juntar os seus pedaços. Algo ou alguém em algum momento vai voltar a lhe dizer – e ela enfim poderá voltar a escutar – que não é responsável por esse desamor, que tem direito a ser bem tratada e bem amada.

Pouco a pouco, lembrará de quais eram os seus valores e os seus limites de tolerância. Perceberá que aceitou coisas que sempre lhe pareceram inaceitáveis e começará timidamente a dizer que não.

Terá que trabalhar o seu terror à solidão e perceber que não pode pagar qualquer preço para acreditar que tem uma vida a dois.

Deverá redefinir os seus limites para voltar a se reconhecer e se reencontrar. Verá que não havia nada de mau em muitos dos seus atos que tinham sido julgados duramente por anos. E o mais importante de tudo: irá resistir aos embates, já que o outro utilizará todas as estratégias para que ela volte à posição inicial do jogo.

Não será fácil: tentará confundi-la, ameaçá-la, lhe provocar pena, seduzi-la. Talvez o mais difícil seja aceitar que nem sempre é boa, pois será acusada de egoísta, má e farsante.

Verá que pagou preços altíssimos para manter esse papel da mulher boa, tolerante e incondicional. E numa manhã, ao despertar, perceberá que ocupa um espaço, que tem volume, desejos, confiança. A sua alma terá voltado a habitá-la.

• • •

Paz e amor... E morte
Barba Azul, o Unicórnio
Ira Einhorn e Holly Maddux

Conta a lenda de Charles Perrault que existiu um homem que possuía lindas casas no campo e na cidade, com inúmeras riquezas em ouro e decoradas com o que havia de mais fino na época.

Mas, infelizmente, o seu aspecto não era tão belo quanto os seus pertences: o homem tinha uma horrível barba azul que afugentava todas as mulheres do lugar. Para conquistar alguma das belas filhas de uma elegante vizinha, convenceu a mãe a convidar as donzelas para irem até a sua casa. As jovens não viam com bons olhos o convite, sobretudo porque não sabiam muito do passado daquele homem que – segundo diziam – havia se casado várias vezes sem que se soubesse qual tinha sido o destino dessas mulheres.

A filha caçula em pouco tempo achou que a barba não era tão azul e começou a considerar o misterioso homem atraente. Acertaram as bodas e se casaram. Pouco tempo depois, ao sair de viagem, Barba Azul disse à sua mulher que, na sua ausência, convidasse as amigas para lhe fazerem companhia na casa. Deu a ela as chaves de todos os cômodos, mas fez uma advertência:

poderia usar todas as chaves, menos aquela chavezinha que abria um pequeno gabinete.

Como é de se supor, a curiosidade foi mais forte e a jovem desobedeceu à ordem. No gabinete, encontrou um quadro macabro: no piso havia sangue coagulado em que se refletiam os corpos degolados de todas as que tinham sido esposas de Barba Azul...

Os impostores exercem uma enorme fascinação sobre as dependentes afetivas. Não é meu interesse apresentá-las como meninas ingênuas e crédulas, vítimas de um psicopata enganador. Ao contrário, creio que no seu afã onipotente e em sua desvalorização sentem-se as escolhidas quando um homem inalcançável, que exerce a sua atração sobre muitas mulheres, coloca o olho sobre elas. Essa irresistível sensação de ter entrado no seleto grupo das mulheres amadas por esse homem especial lhes impede de ver o que se esconde atrás de um perverso. Por outro lado, o perverso é um verdadeiro bruxo que utiliza as suas melhores artes para a simulação e, como os ilusionistas, chama a atenção com rápidos movimentos para que não se note o truque que está oculto.

Há alguns anos, em julho de 2001 nos Estados Unidos, finalmente, Ira Einhorn escutou sem manifestar nenhuma reação o veredito que o considerava culpado de assassinato e o sentenciava à prisão perpétua. Havia fugido da justiça durante 25 anos.

Ira Einhorn ficou famoso nos EUA na década de 60 por ser um dos primeiros impulsores do movimento ambientalista. Os movimentos pacifistas dos anos 70 o consideravam a cabeça da Nova Era. Era o tempo dos hippies, de Woodstock, quando todos os discursos falavam de paz e amor e os jovens marchavam contra a guerra do Vietnã. Ele era o símbolo da contracultura e da revolução antibélica.

Mesmo quando todas as provas o incriminavam, negou a culpa e, como bom psicopata, empurrou a responsabilidade para a CIA. Segundo ele, era uma armadilha, já que dizia ter provas de experiências que os serviços secretos realizavam para controlar a mente dos cidadãos. Não é necessário ser psicólogo para entender esse mecanismo de projeção em alguém que tentou influenciar e dirigir as mentes de muitos jovens daquela geração.

Entre eles, estava uma jovenzinha chamada Holly Maddux, que sucumbiu aos encantos do guru do movimento hippie.

Na primavera de 1977, Holly – relata a sua família – decide separar-se de Ira depois de cinco anos de namoro para viver em Nova York com outro homem. Desde então, nada mais se soube dela.

Ira Einhorn – que se autodenominava Unicórnio devido ao significado do seu sobrenome em alemão – sai do país e vive foragido usando nomes falsos em diferentes países da Europa durante 25 anos.

Enquanto isso, os vizinhos do apartamento abaixo do que era dividido por Holly e Ira denunciam infiltrações de uma substância nauseante e pestilenta. Os detetives contratados pela família Maddux descobrem um dado inquietante: Ira teria pedido ajuda a dois amigos para se livrar de um baú que estaria cheio de documentos secretos. Conseguem assim a ordem judicial para entrar na casa e então se revela a macabra descoberta: o corpo putrefato de Holly trancado por dezoito meses num baú no armário do apartamento de Ira. Os legistas dirão que Holly apresentava sinais de ter sido jogada várias vezes contra o chão e trancada viva.

A relação havia sido tempestuosa, com brigas e reconciliações, até que Holly decidiu abandoná-lo. A polícia acredita que Holly não vivia mais com Ira quando voltou ao apartamento dele para buscar os seus pertences. Foi então que ocorreu o crime.

Quando Ira foi localizado no oeste da França, vivia com a sueca Annika Flodin, uma rica herdeira de 46 anos que mais tarde se negaria a favorecê-lo como testemunha no julgamento nos EUA porque, segundo ela, "não queria ajudar um fugitivo". Annika sustentou todo o tempo que desconhecia o passado de seu companheiro.

QUARTA PARTE

QUANDO AJUDAR FAZ MAL

4.1. S.O.S. Codependência: os salvadores e os resgatadores

> *E ficai juntos, mas não demasiado juntos. Porque os pilares do templo estão separados. E nem o carvalho cresce na sombra do cipreste nem o cipreste na do carvalho.*
>
> O profeta
>
> KHALIL GIBRAN

No âmbito das dependências afetivas, a codependência merece um capítulo especial. Mesmo que codependência e vício em relações sejam dois conceitos intimamente ligados, é necessário fazer algumas distinções.

O termo codependência surge nos grupos de auto-ajuda para familiares de alcoólatras nos Estados Unidos na década de 70, sem que ninguém reivindique claramente a sua autoria. No começo, era o equivalente ao conceito de coalcoólatra. Com ele, procurava-se definir "aquelas pessoas cuja vida havia se tornado ingovernável devido à relação de proximidade e compromisso com a vida de um alcoólatra" (Melody Beattie).

O que chamava a atenção é que as pessoas que haviam escolhido como parceiro um alcoólatra tinham um perfil psicológico similar e as suas condutas na relação eram bastante características. Em geral, funcionavam como salvadoras. Dessa forma, impediam os alcoólatras de chegar ao fundo e se deparar com as reais consequências da sua doença. Elas mentiam para os patrões para que os maridos não ficassem sem trabalho, davam desculpas nas reuniões sociais quando a situação tornava-se incômoda, dissimulavam diante dos filhos, escondiam as garrafas. Eles comportavam-se então como o menino travesso na frente da mamãe prometendo "que esta será a última vez", e assim até o próximo episódio.

Essas condutas acabam sendo uma faca de dois gumes: por um lado, obstruem qualquer tentativa de recuperação do viciado, uma vez que, sabemos, o que realmente pode ajudá-lo é assumir a sua impotência diante da doença e começar um sério trabalho de recuperação.

Pelo lado das suas companheiras, o que vemos é que elas são viciadas neles. Tentam controlar as suas condutas, ficam obcecadas com o seu comportamento, dão crédito às suas promessas e frustram-se repetidas vezes. Essa intensa frustração leva a uma situação de estresse crônico que, como veremos adiante, é altamente tóxico.

Com os anos, o termo *codependência* foi se estendendo a todas aquelas pessoas que eram afetadas pela proximidade de uma outra com dependência química, seja álcool ou drogas.

Finalmente, o conceito ampliou-se ainda mais, uma vez que o eixo de atenção deixou de ser o viciado e se centrou no modo particular de relação entre duas pessoas, uma das quais padece de algum tipo de enfermidade, em geral, crônica. A outra pessoa se envolve além da medida na tentativa de resgatá-la, cuidá-la e salvá-la.

Esse modelo de relação pode ser visto em casais em que existe algum tipo de adição (vício) – química, jogo, trabalho, sexo, comida –, ou ainda outros transtornos como a depressão ou a bipolaridade.

No entanto, na minha experiência clínica também vejo com frequência que esses vínculos se estabelecem entre uma codependente e outra pessoa com características infantis e de dependência. Desse modo, a codependente não tenta curar alguém da sua doença, mas ajudá-lo a crescer e a criar juízo. Assim, ajuda-o a encontrar um trabalho, a administrar bem o seu dinheiro, a fazer terapia, a consultar médicos ou a manter vínculos com a família.

O problema dessa "maternidade" é que ela é extremamente disfuncional, já que mais uma vez as hierarquias são alteradas. Onde deveria existir uma relação de paridade, vemos uma relação de mãe e filho, na qual ambos dependem entre si de uma forma doentia.

Esses vínculos são muito difíceis de serem rompidos apesar do desgaste que geram, pois ambos os membros estão acomodados à situação. Por um lado, esses meninos-homens se queixam, mas não querem crescer para não renunciar aos benefícios dessa situação.

Por outro lado, as mulheres codependentes temem a liberdade, a cura ou o crescimento desses homens, dado que construíram a sua identidade sobre a necessidade de serem necessárias para alguém.

"Somos resgatadoras, as que conseguem tudo. Somos madrinhas do mundo inteiro", diz Earnie Larsen. "Não somente satisfazemos as necessidades das pessoas, como nos antecipamos a elas. Resolvemos os assuntos dos outros, os ensinamos, nos afligimos por eles", afirma Melody Beattie.

O triângulo dramático de Stephen B. Karpman ilustra os lugares por onde se deslocam os membros dessa relação: resgatador, vítima e perseguidor.

No momento em que ocupa o papel de resgatadora, que é um lugar geralmente conhecido desde a infância, a pessoa tenta controlar e dirigir o que acontece ao seu redor. A partir do seu esquema de crenças, ela sabe o que o outro precisa para sentir-se bem e empreende a sua tarefa.

Ao se ver frustrada porque não consegue o seu objetivo (que o outro deixe de beber, que assuma uma vida responsável, que saia da depressão ou de um estado de ira), começa a apresentar uma conduta de perseguição. Faz censuras, discute, fica enfurecida.

Finalmente, derrotada, coloca-se no papel de vítima e responsabiliza o outro por sua infelicidade. A ilusão é que, se o outro mudasse, ela seria feliz.

Esses papéis vão sendo ocupados alternativamente pelos membros do casal e tornam difícil que se assumam responsabilidades.

Dessa maneira, afasta-se a esperança de recuperação. Somente quando um deles reconhece que não é vítima de ninguém é que começa a mudar de lugar, e o jogo termina.

Vejamos algumas definições de codependência.

"Codependência é qualquer padecimento ou disfunção que vem associado ou é resultante de focalizar o interesse próprio nas necessidades e condutas dos outros" (Whitfield, 1989).

"O codependente tende a se caracterizar por sua baixa autoestima, por suas dificuldades para satisfazer as suas próprias necessidades e pela valorização da sua própria identidade baseada na valorização externa" (Schaef, 1986).

"Uma pessoa codependente é aquela que permitiu que a conduta de outra pessoa a afetasse e que está obcecada em controlar a conduta dessa pessoa" (Beattie, 1987).

"Codependência é uma patologia do vínculo que se manifesta pela excessiva tendência a se encarregar ou assumir as responsabilidades dos outros" (Haaken, 1993).

Existem, na atualidade, numerosas escalas para medir a codependência, mas aqui nos deteremos em enumerar as suas características para ajudar o leitor a identificar o problema.

Partindo de um grande número de definições, poderíamos ressaltar os seguintes aspectos:

- Assumem a responsabilidade pelo que ocorre na vida de outras pessoas. Se algo não funciona bem, assumem toda a culpa por isso.
- Antecipam-se em satisfazer as necessidades de outros, mesmo quando não lhe fizeram nenhum pedido.
- Têm dificuldade com a assertividade. Não conseguem dizer não, mesmo que desejem, porque temem não ser queridas ou não suportam decepcionar ou desiludir os outros.
- Sentem-se atraídas por pessoas necessitadas, conflitadas, irresponsáveis ou perturbadas, a quem

consideram que podem ajudar e salvar por meio do seu amor e dos seus cuidados.
- Têm baixa autoestima, grande necessidade de valorização externa e não confiam em suas próprias percepções.
- Desenvolvem uma hipertolerância a situações abusivas e são capazes de fazer qualquer coisa para evitar que uma relação termine porque têm uma grande dependência emocional.
- Têm a sensação de não bastarem e de nunca fazerem o suficiente.
- Têm sérias dificuldades para se conectarem ao prazer e ao bem-estar.
- São obcecadas pela vida alheia. Colocam toda a energia nisso e perdem o foco de suas próprias necessidades e interesses.
- Como temem as situações de descontrole, tendem a controlar de qualquer forma, seja por meio da pena, da culpa, da sujeição ou da atuação.
- Mentem para si mesmas e para os demais sobre a realidade da sua situação.
- Minimizam, justificam e negam o que acontece na relação.
- Tornaram naturais as condutas de sacrifício.

A codependência é um transtorno da relação que se observa principalmente nas mulheres. Esse traço de gênero não é surpreendente. Desde sempre, o papel de resgatadoras e cuidadoras foi atribuído à mulher. Poderíamos dizer que é quase um deslocamento natural do que a cultura atribui ao papel de mãe. Portanto, não é de se estranhar que na vida adulta estabeleçam vínculos que reproduzem o modelo mãe e filho.

Daí o porquê de ser difícil enxergar como patológico o cuidado excessivo, desgastante e sacrificado e, ao contrário, valorizar tal cuidado como uma virtude de abnegação e lealdade. É comum escutar, quando alguma figura pública masculina passa por problemas de vício, violência, infidelidade e maus-tratos, que a mulher que o acompanha é uma grande mulher, porque o banca.

Por outro lado, vemos que a grande maioria dos que se dedicam a profissões assistenciais é mulher: enfermeiras, médicas, psicólogas, assistentes sociais, docentes. Elas são as que cuidam e ensinam, mas, provavelmente, as que não aprenderam a cuidar de si mesmas. Elas foram mães-meninas, já que tiveram de assumir esse papel na infância e perderam a oportunidade de serem cuidadas na única etapa da vida em que ser irresponsável e despreocupado é um direito. Agora, na vida adulta, são as mães-meninas que se responsabilizam por todos, mas, em seu interior, sentem-se como meninas vulneráveis e desoladas esperando que alguém as resgate e tome conta delas.

Muitas vezes surge a pergunta sobre os vínculos dependentes em outras relações, como a com os filhos.

Sem dúvida, a codependência é um padrão de vínculo disfuncional que se transfere para a maioria dos vínculos. Por esse motivo, não é estranho que muitas mulheres se envolvam excessivamente de uma forma doentia na relação com os filhos e passem pelos mesmos dissabores que numa relação de casal.

Quando se estabelece um vínculo com essas características, as consequências são perigosas: por um lado, os filhos não conseguem crescer e se acomodam a uma situação de dependência da qual não querem sair. Por outro lado, as mães vivem uma relação de tirania e maus-tratos com os filhos, que navegam na ambivalência. Querem se libertar e brigam por isso, mas não querem perder os privilégios.

São relações de difícil diagnóstico e tratamento, já que as mães "naturalizam" o seu papel e fundamentam o cuidado excessivo na crença de que uma mãe deve suportar e perdoar qualquer coisa dos seus filhos por amor.

A recuperação permite aos integrantes da dupla se responsabilizar respectivamente por suas próprias vidas e destravar o crescimento.

A Terra do Nunca
Peter Pan e Wendy

Homens que não querem crescer. O psicólogo norte-americano Dan Kiley denominou como *Síndrome de Peter Pan* o conjunto de traços que caracterizam os homens que se negam a entrar na etapa adulta e a assumir responsabilidades maduras.

Com pouca ou nenhuma dificuldade para o prazer e a diversão, esses homens escondem uma profunda insegurança, são extremamente dependentes e precisam de alguém que cuide deles e cubra as suas necessidades.

A dificuldade para assumir responsabilidades se traduz numa projeção da culpa sobre os demais.

São egocêntricos e têm sérias dificuldades para o compromisso, pois lhes tira a liberdade e gera responsabilidades que não conseguem assumir.

Estão em uma posição passiva, receptiva. Esperam receber e preferem seguir vivendo na irrealidade (a Terra do Nunca), onde lhes é prometida a juventude eterna.

Enquanto quem estiver ao seu lado ocupar o lugar de provedor e se responsabilizar pelos problemas reais da vida cotidiana, o pequeno homem brincará com os seus caprichos, inventando negócios que nunca irão funcionar ou passatempos dispendiosos.

É claro, os Peter Pan, em algum momento, encontram a sua Wendy, mulheres codependentes que ocupam o lugar de mães como única maneira de demonstrar amor.

Lembremos que a personagem Wendy, no conto de Barrie, protege Peter Pan, satisfaz os seus caprichos, o compreende e o protege de sofrer o desencanto de suas próprias fraquezas. Wendy era a mais velha dos três irmãos e a que era encarregada de cuidar dos pequenos. A sua conflituosa relação com Sininho remete aos modelos de mulher que rodeiam Peter Pan: Sininho, sedutora, com poderes mágicos, e Wendy, maternal e responsável.

Como dissemos, as Wendy cresceram em lares nos quais atuaram como adultas, assumindo responsabilidades inadequadas para a sua idade. Reprimiram a infância, o comportamento lúdico e irresponsável e, por isso, ao crescerem, sentem-se atraídas por homens infantis e cuidam deles como elas próprias teriam desejado terem sido cuidadas.

Com o passar do tempo, esse papel termina sendo esgotante e insatisfatório. As mulheres que estão nessa situação sentem que os demais abusam delas e que não dão nada em troca. Começam a sentirem-se vazias e cansadas, mas não conseguem perceber o padrão disfuncional de relação em que estão envolvidas.

Quando dão um passo para se libertar dessa pesada mochila, sentem culpa ou pena. Por outro lado, os Peter Pan não largam rapidamente essas mães superprotetoras e para isso recorrem a diversas estratégias para mantê-las no mesmo lugar.

Como vemos, a codependência é um tipo particular de dependência afetiva que começa a se manifestar na infância e continua na vida adulta como um vínculo dependente.

Como em todos os vícios, esse vínculo causa dor, mas também permite não entrar em contato com a sua própria história, uma realidade dolorosa que é anestesiada pela tarefa que empreende ao tentar salvar esses homens.

Ela também vive em sua própria Terra do Nunca, um território onde reina a negação e a onipotência, até que caia na realidade, vencida por seu próprio esgotamento, depressão e doença.

• • •

O CASO DA ATRIZ E DO POETA BÊBADO

"A atriz precisava de alguns trabalhos de carpintaria em sua casa. Um amigo recomendou um poeta que fazia esse tipo de trabalho como 'bico'. Quando o poeta chegou na casa dessa mulher, ambos sentiram uma forte atração. Nessa noite, quando ela voltou do trabalho, o homem permaneceu lá.

A mulher sentia-se atraída por ele e não prestou atenção às vozes de advertência que vinham do seu interior, enquanto o companheiro prometia amor eterno – mesmo tendo acabado de se conhecer. O poeta disse que a adorava. A primeira relação sexual foi 'maravilhosa', segundo lembrava depois a mulher.

Mas as mesmas vozes de advertência voltaram a ser ouvidas quando o poeta começou a ler os diários íntimos da mulher. O enamorado poeta revelou-se um bêbado violento que costumava gritar em público com a artista. Para evitar esse tipo de cena, ela – que pediu para ficar no anonimato – deixou de frequentar a casa dos amigos e virou uma 'refém civilizada' durante dois anos.

Depois de seis meses, percebeu que não tinha mais amigos e que a família temia por sua segurança. Finalmente, decidiu pedir ao 'amado' que fosse embora da sua casa e que procurasse ajuda psiquiátrica." (jornal *Clarín*, 1986).

• • •

113 Punhaladas
Carolina Aló e Fabián Tablado

Carolina Aló era uma jovem estudante secundária de um colégio do Tigre, na província de Buenos Aires. Na noite de 27 de maio de 1996, saiu do colégio antes do fim das aulas da noite com o namorado Fabián Tablado.

Foram para a casa de Fabián, onde – segundo ele declararia depois – a jovem terminou a relação, provocando uma reação enfurecida. Segundo relatam aqueles que conheciam o casal, Fabián era muito ciumento e possessivo, e não eram raros os episódios de violência entre eles. O jovem dizia estar afetado pela interrupção de uma gravidez que Carolina teria feito sem o seu consentimento. Naquela noite de maio, estimulado pelo consumo de cocaína, Fabián Tablado descarregou na jovem a sua fúria brutal: ele a perseguiu por toda a casa e usou três facas para desferir 113 punhaladas. A partir de suas declarações, soube-se que Carolina o rechaçou naquela noite quando o namorado quis ter relações íntimas com ela e lhe propôs ter um filho.

As primeiras perícias psicológicas determinaram que Tablado estava consciente da criminalidade do ato e por isso é imputável e cumpre condenação por – homicídio simples –, apesar dos pedidos da família da vítima que pretendiam uma condenação por homicídio qualificado devido à crueldade.

As provas revelaram que o jovem tinha uma personalidade perturbada, com antecedentes de impulsividade e consumo de álcool, psicofármacos, cocaína e maconha, desde a adolescência.

Atualmente, ele cumpre pena no presídio Florêncio Varela, na província de Buenos Aires.

•••

QUINTA PARTE

ESTRESSE CONJUGAL

5.1. Vínculos estressores ou protetores?

Eu não quero que ninguém imagine como é amarga e profunda a minha eterna solidão.
Soledad (Solidão)

C. Gardel e A. Lepera

É sabido há tempos que o isolamento piora a qualidade de vida e pode ser um fator de risco tão importante quanto o tabagismo, a obesidade e o sedentarismo. Existem muitos estudos que documentam o fato de que as pessoas casadas são mais saudáveis do que as que vivem sozinhas.

A hipótese sustenta-se no fato de que os casados têm mais recursos materiais, melhores hábitos de saúde, menos estresse e mais sustentação social.

No entanto, esses estudos não nos lembram o que acontece nas relações conflituosas. Não existem dúvidas dos benefícios de se estar em uma boa relação a dois. Não obstante, a qualidade do vínculo é o mais importante, já que um relacionamento insatisfatório pode ser muito mais prejudicial para a saúde do que a solidão.

O termo estresse foi historicamente utilizado para falar de um estímulo (divórcio, mudança, morte de um ente querido) que poderia funcionar como estressor, ou, ainda, de uma resposta quando se fazia referência aos mecanismos para a luta ou a fuga que o organismo põe em marcha diante do perigo.

Nas concepções mais modernas de estresse, não é o estímulo por si só que desencadeia uma resposta de estresse no organismo. O que hoje se considera importante é a interação entre o estímulo e a resposta.

Para que algo seja percebido como estressante, não se requer apenas que o estímulo seja vivido como uma ameaça, um transtorno ou que as demandas do meio sejam excessivas. O que provoca um desequilíbrio é o balanço entre esses estressores e as defesas psicológicas que a pessoa possui. Nesse caso, é fundamental a avaliação que as pessoas fazem da ameaça. Os indivíduos percebem a ameaça de perigo de diferentes maneiras, em função de uma série de variáveis que incluem a sua vulnerabilidade genética, o seu ambiente familiar, os seus recursos materiais, os seus traços de personalidade e o seu suporte afetivo. É fundamental também ver quais são os recursos com os quais se conta para enfrentar a situação. Esses recursos são habilidades que as pessoas possuem para fazer frente à adversidade, incluem tanto as ferramentas cognitivas como as de conduta e a valorização que um indivíduo possa fazer delas.

Nosso organismo está preparado para responder às ameaças externas pondo em jogo toda uma série de mecanismos fisiológicos e psicológicos para enfrentar a situação. Essa resposta é adaptativa e dura pouco tempo. O corpo e a mente logo recobram o equilíbrio original. Nesses casos, a resposta de estresse protege o organismo.

Em outros casos, a situação de ameaça prolonga-se no tempo. Quando o indivíduo não consegue se adaptar frente à ameaça e esse esforço de resposta prolonga-se no tempo, ou, ainda, o estímulo ameaçador persiste e a pessoa põe em andamento o seu mecanismo de resposta muitas vezes, pode produzir uma resposta que chamamos de longo prazo ou estresse crônico. Nesses casos, o organismo não tem tempo para se recuperar depois do seu esforço, e o sistema vai se esgotando.

Nas situações de emergência, é ativado em nosso organismo um complexo sistema de resposta que é conhecido como *reação de emergência* e que prepara o corpo para a fuga. Essa reação é extremamente apropriada quando se desencadeia diante de circunstâncias que nos colocam realmente em perigo.

No entanto, quando os fatores que produzem tensão são percebidos como ameaçadores de forma constante, o corpo põe em andamento outro tipo de respostas que podem levar à doença.

A síndrome geral de adaptação descrita por Selye compreende três etapas:

- **Alarme:** o corpo mobiliza o Sistema Nervoso Autônomo para responder ao estressor.

- **Resistência:** o corpo enfrenta ou se adapta às exigências do estressor.

- **Esgotamento:** o corpo perde a capacidade de enfrentamento e pode-se chegar à morte.

Como vemos, caso sigamos percebendo um estímulo como ameaçador, do estado inicial de emergência pode-se chegar à fase de esgotamento e perde-se a capacidade de adaptação do organismo.

Quando se está em um vínculo dependente, a percepção de ameaça de perda da relação é permanente. Todo movimento do outro pode ser vivido como abandono, infidelidade, desprezo ou desamor. Essas situações não são apenas percebidas; em alguns casos, elas ocorrem realmente. Mas, além disso, temos de acrescentar que aqui a cena se desenrola com pessoas extremamente vulneráveis, para quem essa ameaça é sinônimo de morte.

O estresse crônico deixa as suas marcas no corpo. Enquanto no plano psicológico as dependentes acreditam que ainda podem resistir um pouco mais, já que os seus níveis de autoproteção e alarme estão danificados, no plano físico, o organismo começa a acusar o impacto. Elas não conseguem perceber os sinais de alarme do seu corpo. Tomam essas dores como algo natural e, como têm uma enorme tolerância à dor, continuam sem se queixar nem pedir a ajuda adequada.

Antes de enumerar algumas consequências fisiológicas do estresse conjugal, vale a pena deter-nos num ponto relativo ao gênero.

No começo do capítulo, dizíamos que o casamento parecia ter efeitos protetores para a saúde das pessoas em comparação com o isolamento.

No entanto, esses benefícios parecem ser mais fortes para os homens do que para as mulheres.

Sob o risco de parecer feminista, essa hipótese tem sustentação no fato de que as mulheres, pelo seu papel de cuidadoras, tendem a se ocupar de maridos e filhos quando estão em família e a descuidar de si mesmas.

Ao contrário, quando vivem sós, cuidam mais de si mesmas do que os homens na mesma situação.

Pensemos então no que ocorre com aquelas mulheres cujo traço de cuidadoras transformou-se em patológico e para quem o superenvolvimento com o outro leva ao descuido de si mesmas.

Poderíamos acrescentar que as redes de suporte social, os amigos, a família, estão em geral rompidas para essas mulheres que foram ficando cada vez mais reclusas. Essa falta de suporte reforça a possibilidade de adoecer, já que se perde um fator importante de contenção.

No caso da codependência e dos vínculos dependentes, a insatisfatória qualidade da relação, o fracasso nas tentativas de controle, o progressivo isolamento como consequência da vergonha e um perfil psicológico de extrema vulnerabilidade são uma bomba que pode estourar sob a forma de diferentes sintomas somáticos.

O tema do cuidado deixou de ser visto somente como uma tarefa virtuosa digna de pessoas altruístas e dedicadas. O cuidado, como vimos na codependência, pode ser disfuncional tanto para a pessoa que é cuidada como para quem exerce o papel de cuidador. É comum ver o grande desgaste profissional sofrido pelas pessoas que se dedicam a tarefas assistenciais. O mundo dos cuidadores, um mundo essencialmente feminino, começa a ser visto com preocupação no âmbito da saúde mental.

Nos últimos anos, tem se prestado cada vez mais atenção no estresse dos cuidadores. Entendemos por cuidadores formais aquelas pessoas que trabalham na área assistencial, como enfermeiras, médicos, docentes, assistentes sociais, psicólogos etc., bem como aquelas que são cuidadoras informais, ou seja, que devem assumir o papel na família pela doença de um parente. Esse último caso é particularmente grave principalmente para quem acompanha um paciente com demências vasculares ou do tipo Alzheimer. Trata-se de uma tarefa de altíssima demanda, de pouca gratificação quanto aos resultados e de grande dor emocional que gera elevados níveis de estresse.

Viu-se em numerosos estudos que os cuidadores podem adoecer devido ao enfraquecimento do sistema imunológico ou chegar a estados depressivos.

É por isso que é importante estar atento à sobrecarga que pode levar à doença e "cuidar dos que cuidam". Existem atualmente numerosos programas de contenção para cuidadores que põem ênfase em prover um suporte social para minimizar os efeitos prejudiciais dessa tarefa.

• • •

Eu me desvelava por ela
Ana María Rossi e Agustín Arrien

Ana María Rossi, 35 anos, era médica nutricionista e debateu-se entre a vida e a morte em um hospital da cidade da La Plata, Argentina, depois de receber três disparos e ter agonizado na intempérie de um descampado durante toda uma noite.

Estava casada e tinha três filhos quando conheceu o representante de laboratório Agustín Arrien, 46 anos, separado e também pai de três filhos.

Segundo a família de Ana, nos últimos meses, ela tentava terminar a relação com Agustín porque se sentia asfixiada por esse homem que a perseguia em sua casa e na clínica.

A partir das declarações de Arrien, é possível saber que ele, furioso e cego de ciúme, insultou Ana María devido à sua aproximação de outro médico que iria participar naquela noite de uma festa organizada por um laboratório, à qual Ana pensava em comparecer.

Dentro do carro, a discussão foi subindo de tom quando Arrien exigia que Ana definisse a sua situação no casamento.

Ele não conseguia aceitar a rejeição e – segundo suas próprias palavras – sentia-se degradado e exaltado devido à situação. Foi então que tirou a arma do porta-luvas e disparou quatro tiros contra a mulher que dizia amar. O corpo inerte caiu sobre ele. Então, abriu a porta do carona e jogou o corpo num descampado. Ana ainda vivia.

Uma hora depois, enquanto a mulher lutava pela vida sozinha no descampado, Arrien pensava num álibi e apresentava-se à delegacia para denunciar uma tentativa de roubo e sequestro.

O álibi desmoronou rapidamente e o representante confessou o crime.

Como sempre nesses casos, é requerida a inimputabilidade do acusado, justificada por um ato de loucura, de descontrole emocional motivado pelo ciúme.

Enquanto escrevo estas linhas, fico sabendo que à acusação de tentativa de homicídio simples contra Arrien soma-se a de abuso sexual. Ao que parece, Ana María teria sido abusada antes de ser alvejada pelas balas.

Ele está na prisão, e ela está morta. No meio de tudo, a incredulidade, a estupefação. Duas famílias destruídas. E a paixão patológica novamente como uma arma perigosa que alça algumas pessoas a deuses que decidem quem deve viver ou não, e quem se deve amar.

• • •

UM PRESENTE FATAL
Lorena Paranyez e Jorge Villegas

Era o dia em que completava 27 anos. Lorena Paranyez vivia então em Villa Luzuriaga, Argentina. Tinha conseguido livrar-se de uma relação violenta com um homem com quem dividira a sua vida amorosa e profissional. Lorena era bailarina, jovem e muito bonita. Talvez fosse muito para aquele homem ressentido, atacado pela fúria e a pela posse, e decidido que essa mulher não poderia deixar de amá-lo.

Você nunca vai se livrar de mim. Vou lhe queimar e cortar em pedacinhos.

"A ameaça estremeceu Lorena Paranyez justamente quando batia a porta para deixar definitivamente a casa que, no bairro Pompeya, tinha dividido com o companheiro durante cinco anos. Mas imaginou que aquilo era somente uma frase no calor do momento, uma expressão de despeito. Nada mais longe da realidade. O seu ex-companheiro Jorge Daniel Villegas, 29 anos, não se dava por vencido: a seguiu durante meses ou mandava segui-la pela rua e a insultava pelo telefone, segundo ela contou" (L. Caruso, jornal *Clarín*).

Quando Lorena abriu a porta naquele dia de aniversário, recebeu o presente mais terrível e inesperado. Um jovem trazia um pacote: "Villegas mandou isto para você", disse. Tirou dali uma garrafa com ácido muriático e atirou no rosto dela.

Lorena ficou desfigurada e com graves problemas nos olhos. No entanto, nem as dezoito cirurgias pelas quais passou, nem a furiosa vingança daquele homem perverso puderam com ela.

As marcas ficaram no rosto e na alma, mas ela refez a vida, apostou novamente no amor, casou-se e teve uma filha. Continuou trabalhando com organização de eventos e planeja uma fundação para ajudar mulheres vítimas de violência.

O mandante segue livre, foragido e com mandado de prisão decretado. O autor material, René Firpo, foi detido e confessou que agiu a mando de Villegas.

• • •

5.2. Psicoimunoneuroendocrinologia:
estresse conjugal

> *Se vais partir, não vá assim; leva a tua vida.*
> *Si te vas (Se vais embora)*
>
> Zitarrosa

Nas últimas décadas, o campo da psicoimunoneuroendocrinologia foi invadido por artigos que pesquisam as relações entre o estresse e as relações interpessoais.

Como já dissemos no começo, essa disciplina estuda a íntima interação entre o sistema nervoso, as emoções, o sistema endócrino e o sistema imunológico.

A relação entre os quatro sistemas é tão profunda que as respostas incluem a regulação na expressão de genes. Durante muito tempo, a genética era vista como uma condição que determinava inexoravelmente alguns aspectos de nossas vidas. Hoje essa concepção mudou. A genética tem uma carga sumamente importante, mas já não é um destino. Os modernos conceitos de plasticidade neural revelam tudo o que o ambiente, os fatores psicossociais e os fármacos, entre outros, podem fazer para modelar essa complexa rede num sentido positivo ou negativo. Isso significa que um estado emocional como, por exemplo, uma patologia depressiva ou uma situação de estresse crônico pode gerar respostas em nosso organismo que alteram delicados mecanismos nas vias moleculares que ativam ou inibem a expressão de um gene.

Por outro lado, as situações de estresse crônico que implicam uma resposta no longo prazo incidem na regulação de alguns eixos hormonais e também nas respostas de defesa do organismo.

Pesquisadores da Universidade de Ohio, Estados Unidos, realizaram trabalhos para medir os efeitos nocivos sobre a saúde causados pelas interações negativas em um casal. Assim, viu-se que a saúde é afetada de duas maneiras: de modo indireto, já que o desgaste conjugal leva a um estado depressivo, e a depressão altera o sistema imunológico e, por outro lado, afeta diretamente o sistema cardiovascular, endócrino, imunológico e outros mecanismos fisiológicos.

Ao que parece, a saúde dos homens piora com o isolamento após um divórcio, enquanto as mulheres são mais vulneráveis aos conflitos que ocorrem no casamento.

Sabemos da diferença de gênero quanto ao impacto das relações amorosas sobre a autoestima. Enquanto para os homens o êxito econômico e profissional é a chave para o desenvolvimento de uma boa imagem de si mesmos, as mulheres, por mais modernas e independentes que sejam, veem prejudicada a sua autoestima se não conseguem ter uma boa relação a dois.

O intercâmbio amoroso parece ter padrões bem diferenciados para homens e mulheres. Os homens teriam uma conduta mais evasiva nas discussões e as suas manifestações de amor são menos expressivas do ponto de vista verbal. As suas aproximações íntimas são mais regidas pelo desejo sexual, que, às vezes, pode estar dissociado dos conflitos ocorridos durante o dia.

Para as mulheres, ao contrário, são a corte, a sedução e o romance que fomentam o seu erotismo. Daí por que, quando eles ficam mais evasivos, elas ficam mais demandantes. A sua demanda não é por sexo, mas por amor. Elas precisam amar e ser amadas, e isso é mais importante do que a manifestação do desejo erótico deles.

Elas pedem provas de amor, e eles se entediam. Os homens parecem negar mais o conflito, por isso elas costumam ser as porta-vozes e as que começam com a exposição das dificuldades. As formas de resolver os conflitos são diferentes: as mulheres tendem a falar tudo, enquanto os homens querem rapidamente dar a discussão por encerrada. Não escutam os argumentos da companheira e ameaçam ir embora se a briga prosseguir. Essa conduta evasiva é irritante para elas, que querem seguir com a discussão até o final para chegar a algum acordo.

As mulheres são vistas pelos pesquisadores como mais demandantes: têm com frequência uma atitude de queixa ou de vitimação, mas também são as que pedem alternativas para melhorar a relação.

Quase sempre são elas que marcam a consulta para uma terapia de casal, para uma visita ao sexólogo ou para reuniões de grupos de terapia de casal.

A reação dos maridos de negar o conflito e minimizá-lo é terrivelmente frustrante para elas, e essa frustração é uma grande usina geradora de estresse.

Na experiência clínica comprova-se que esses níveis de frustração são muito maiores naquelas mulheres que têm um perfil de alta efetividade em outras áreas da vida, dado que não se resignam com facilidade a renunciar às tentativas de mudança na relação ou na conduta do parceiro. São mulheres acostumadas a trabalhar arduamente e com esforço para conseguir um objetivo e, quando isso não acontece, experimentam uma sensação devastadora.

As consequências de cada discussão ficarão marcadas nos seus sistemas imunológico e endocrinológico. Mais ainda: 24 horas depois de ter terminado a discussão, a batalha continua dentro do corpo das mulheres com variações em seus níveis hormonais e o enfraquecimento das defesas.

Para o estudo realizado em Ohio chefiado pela Dra. Janice Kiecolt-Glaser, reuniram-se noventa casais recém-casados que foram admitidos na unidade de pesquisa depois de passar por duas difíceis provas para avaliar a sua saúde física e psíquica. Também foram criadas escalas para avaliar a satisfação conjugal. Logicamente, esses índices eram altos, já que eram recém-casados.

Os casais preenchiam questionários sobre as áreas em que discordavam e lhes era pedido que discutissem durante meia hora.

Enquanto discutiam, eram coletadas amostras de sangue em intervalos regulares para medir as variações.

As "sessões de conflito" foram gravadas e avaliadas tendo em conta estas categorias:

- Agressão psicológica (ameaça, asco, desprezo)
- Acusações
- Tentativas de melhorar a relação
- Hostilidade não verbal
- Hostilidade verbal
- Autocomiseração
- Condutas evasivas para evitar a discussão
- Busca de aceitação
- Comunicação dos próprios sentimentos
- Humor
- Discussão construtiva dos problemas

As condutas negativas, tais como sarcasmo, desvalorização, críticas e desqualificação, foram associadas com um incremento dos hormônios do estresse e um aumento da possibilidade de manifestar o vírus do herpes de Epstein Barr. Esses níveis acentuavam-se quanto mais hostis eram as intervenções.

Mas o que realmente chama a atenção é que, enquanto essas mudanças ocorriam nos corpos das mulheres, os homens não tinham grandes variações.

As mudanças no sistema imunológico mostravam um claro enfraquecimento das defesas nas mulheres.

Essas mudanças mantinham-se horas depois, já que elas têm lembranças mais vivas e detalhadas das brigas. "Estamos vendo, provavelmente, os resultados de uma mulher pensando e revivendo a discussão durante todo o dia", explica Kiecolt-Glaser.

Muitas mulheres relatam que, logo depois de ter uma discussão conjugal, ficam devastadas e não conseguem se concentrar em outra coisa, por isso consideram surpreendente que os parceiros sintam desejo de ter sexo à noite "como se nada tivesse acontecido ou sido dito". Nas relações dependentes, a sexualidade funciona como uma ferramenta para reter o outro, por isso a viciada sente que jamais pode se negar, por medo de ser substituída.

Portanto, e apesar de sentir raiva ou irritação devido à discussão do dia, concede o sexo, o que a faz se sentir muito mais humilhada.

Enquanto a sua razão e a sua dignidade lhe dizem que não quer ter uma aproximação, as suas emoções e os seus medos atuam de maneira quase autônoma.

Finalmente, o ato sexual a deixará novamente aberta à ilusão de que "as coisas não estão tão mal e tudo pode mudar". Quando as pessoas estão submetidas a uma situação de estresse crônico, o sistema imunológico, que é barreira de defesa do organismo, fica debilitado, entre outras coisas, devido aos efeitos de um hormônio segregado pela glândula suprarrenal: o cortisol. O excesso desses glicocorticoides atua diretamente sobre o sistema imunológico e faz o organismo ficar mais propenso a contrair doenças.

Além disso, os glicocorticoides têm efeitos nocivos sobre algumas regiões cerebrais alterando, entre outras coisas, a memória e a aprendizagem, e certos mecanismos de plasticidade neural.

Como uma metáfora cruel da sua dolência amorosa, essas mulheres têm mais probabilidades de sofrer problemas cardíacos do que outras que não vivem essas situações de estresse: "o coração dói". Um estudo realizado pelo Instituto Karolinska da Suécia destaca que as mulheres com doença coronária que sofrem estresse conjugal triplicam o risco de sofrer novos eventos cardíacos.

A partir de certas mudanças no sistema imunológico, o tempo da cicatrização das feridas é mais longo. Poderíamos dizer que essas mulheres têm uma ferida aberta.

Também podem desenvolver doenças autoimunes: "confundem o inimigo e terminam atacando a si mesmas".

É frequente observar na clínica que as pessoas que permanecem nesse tipo de relacionamento por muito tempo padecem de sintomas físicos que são característicos: dores de cabeça e lombares, problemas gastrointestinais, infecções reincidentes, desajustes hormonais, transtornos do sono e na alimentação, queda de cabelo e fadiga crônica.

Apesar de esses sintomas serem penosos para quem sofre, pode-se dizer que também são um bom sinal de alarme. Uma participante dos meus grupos costumava dizer: "Quando não posso parar, freio com o corpo". É que nesse ponto já não há mais negociação possível: o corpo avisa com uma intensidade tal que não é possível se fazer de surdo. Muitas das consultas ocorrem nesse ponto. Lamentavelmente, muitas mulheres procuram diferentes especialistas sem serem diagnosticadas adequadamente e o problema de base persiste. Somente quando percebem que isso não será solucionado com "a pílula mágica", animam-se a dar um passo em outra direção.

Hoje sabemos o efeito demolidor que tem sobre o nosso corpo um olhar de desprezo, um insulto, a indiferença ou o desamor. Mas também sabemos que há emoções e palavras que curam, que restabelecem uma ordem e um equilíbrio que se acreditava perdido. Essa é a base da recuperação.

• • •

O FANTASMA DE FELICITAS

Felicitas Guerrero de Álzaga e Enrique Ocampo

Em meados do século XIX, uma das jovens mais atraentes da aristocracia de Buenos Aires, Felicitas Guerrero, casava-se com Dom Martín Gregorio de Álzaga. Ele era um homem muito mais velho, dono de boa parte das estâncias da região.

Os jovens da época ficaram desiludidos com aquele casamento arranjado que os impediu de lutar para conquistar a linda aristocrata. Entre eles, Enrique Ocampo, um jovem de muito boa família, que estava perdidamente apaixonado por Felicitas.

A vida dessa mulher seria uma sucessão de tragédias. Do casamento com Álzaga, que, segundo dizem, não foi muito feliz, nasceram dois filhos.

O primogênito, Félix, morre aos seis anos vítima da epidemia da febre amarela. O segundo morre ao nascer. A tristeza invade Dom Martín Gregorio, que morre pouco tempo depois.

A jovem fica viúva aos 26 anos, com uma imensa fortuna.

Enquanto isso, o jovem Ocampo, que seguiu amando a moça em silêncio por todo esse tempo, renova as esperanças e sente que chegou a sua vez. Mas o coração de Felicitas bate por outro homem: Samuel Sáenz Valiente. Depois de um breve, mas intenso romance, a mulher trai o compromisso assumido com Ocampo e casa-se com Samuel.

Na manhã de 29 de janeiro de 1872, Buenos Aires seria sacudida pela terrível notícia. Num ataque de fúria, o jovem Ocampo foi até a quinta de Barracas, onde Felicitas vivia, para repreendê-la por sua traição. Cego pelo ciúme, a atinge pelas costas e, em seguida, comete suicídio. Felicitas morre no dia seguinte, depois de uma dolorosa agonia.

Conta a lenda que na igreja que seus pais mandaram construir no bairro de Barracas vaga o fantasma da infeliz. Os vizinhos dizem que todo dia 30 de janeiro é possível ouvir o seu choro, e os sinos tocam sem que ninguém encontre explicação.

As noivas de Buenos Aires evitam escolher essa igreja para se casar porque, segundo dizem, traz infelicidade. No interior da igreja, uma escultura de Felicitas e seu filho Félix lembram essa história de dor e de amores contrariados.

• • •

Balada de uma louca

Joana, "a Louca", e Felipe, "o Belo"

Joana I de Castela foi a terceira filha dos Reis Católicos da Espanha. Nasceu em Toledo em 1479 e antes de fazer dezoito anos estava casada com Felipe da Áustria. O casamento era conveniente para as alianças políticas da época; não obstante, os jovens estavam muito apaixonados, tanto que foi preciso apressar as núpcias para poderem consumar os seus prazeres, tamanha era a paixão que sentiam.

Rapidamente, Joana começou a ficar obcecada pelo ciúme, já que "o Belo" gostava de cortejar outras damas. Enquanto isso, o poder de Joana se consolidava com a morte dos seus dois irmãos, uma vez que ela ficava com o trono de Castela e Aragão.

Ao que parece, logo depois da primeira gravidez de Joana, Felipe começa a prestar menos atenção nela. A rainha começa uma perseguição obsessiva ao marido, chegando, inclusive, a castigar com as próprias mãos uma dama da corte de quem suspeitava.

Enquanto isso, ocorriam as gestações, os partos e os nascimentos. Tiveram seis filhos. Os rumores dão conta de que o belo Felipe tentou agir com moderação ao ver que a esposa herdava o reino.

Mas, para Joana, não interessava o reino, somente lhe interessavam o amor de Felipe e a fidelidade dele.

Dado que uma cláusula do testamento da rainha Isabel indicava que, em caso de incapacidade de Joana, o poder passaria a seu pai, Dom Fernando de Aragão, não é de estranhar que os dois homens – Fernando e

Felipe – brigassem para fazer Joana passar por louca para eles ficarem com o trono.

As intrigas palacianas duraram pouco, uma vez que Felipe morre repentinamente de pneumonia em 1506.

Joana não consegue aceitar a morte do marido e leva de Burgos a Granada o féretro, vagando pelos campos, agarrada ao ataúde. A cena ficou imortalizada no quadro pintado por Francisco Pradilla em 1877 que está exposto no Museu do Prado, na Espanha. A depressão posterior à morte do marido e a conduta errática foram aproveitadas por Fernando de Aragão para trancá-la em Tordesilhas durante mais de quarenta anos, até a morte dela. Ela conservava o luto, chorava e chamava por Felipe. A conspiração, primeiro entre o seu pai e o seu marido e, depois, do filho, com o objetivo de ficar com o poder, engoliu a vida dessa pobre mulher que não passaria à história como a rainha Joana de Castela e Aragão, mas como Joana, a Louca.

SEXTA PARTE

DEPENDÊNCIAS AFETIVAS

6.1. As dependências afetivas no contexto científico

Quando falamos de codependência, nos referimos às dificuldades que esse termo oferece para uma definição satisfatória para o diagnóstico no campo das Ciências da Saúde. Dizíamos então que o termo "codependência" surgiu em 1979, inserido no contexto dos grupos de autoajuda, para designar "as pessoas cujas vidas tinham se tornado disfuncionais como resultado de uma relação de compromisso com um alcoólatra" (M. Beattie).

Desde então, o termo teve usos diferentes e sob seu rótulo cabem numerosas definições que reúnem critérios suficientes para abrigar diferentes transtornos que convivem entre si. O que fica evidente é que o conceito se ampliou e já não se limita ao campo do alcoolismo e das drogadependências, mas tenta definir o transtorno relacional de uma pessoa que está unida a outra que padece de uma enfermidade crônica.

O termo ainda não foi incluído no *Manual diagnóstico e estatístico dos transtornos mentais* (DSM-IV) da Associação Americana de Psiquiatria, que é, na atualidade, o livro padrão da classificação das doenças psicológicas e psiquiátricas.

Enquanto é estudada a sua inclusão, nós, que trabalhamos no campo das dependências afetivas, nos vemos encrencados na hora de transmitir a teoria, já que, ao não haver clareza no critério de diagnóstico, tampouco podemos utilizar escalas ou instrumentos de avaliação válidos e confiáveis para medir os níveis de gravidade, a evolução ou a cura.

Não obstante, encontrei trabalhos muito sérios para incluir a sua definição, escritos por colegas do Chile, Colômbia, EUA, Peru e Espanha e, por isso, é de se esperar que em breve o termo seja incluído na próxima edição do *Manual*.

Na *Sinopse de Psiquiatria* de Harold Kaplan e Benjamín Sadock, ele é mencionado brevemente sob o conceito de coadição no capítulo de transtornos relacionados a substâncias:

> "Coadição: o conceito de coadição ou codependência tornou-se popular nos últimos anos, ainda que alguns especialistas no campo da adição o rechacem por considerá-lo inválido. A coadição aparece quando as pessoas, normalmente um casal, mantêm uma relação que é a principal responsável pela manutenção da conduta de adição em pelo menos um dos componentes do casal. Ambos podem apresentar condutas que ajudem a perpetuar a situação, e a negação dessa situação é o pré-requisito para que se desenvolva tal relação..."

Dado que o conceito teve grande desenvolvimento como uma patologia do sistema familiar, existem dificuldades para situar a sua definição no terreno individual. Particularmente, concordo com os autores que estabelecem que se trata de um transtorno gerado no seio da família, que logo se internaliza e se transforma num padrão de vínculo disfuncional intrapsíquico. Esse padrão vincular repete-se em outras relações da vida adulta.

Os critérios diagnósticos propostos por T. Cermack para definir a codependência são:

- Investimento continuado de tempo na tentativa de desenvolver habilidades de controle de si mesmo e dos demais, com sérias consequências adversas;
- Assunção das responsabilidades do outro, com negligência das próprias necessidades;
- Ansiedade e distorção das fronteiras entre separação e intimidade;
- Envolvimento em relações pessoais com sujeitos que apresentam transtornos da personalidade, dependentes químicos ou transtornos de impulsividade;
- Excessiva dependência;
- Retração emocional;
- Depressão;
- Hipervigilância;
- Compulsões;
- Ansiedade;
- Abuso de substâncias;
- Foi ou é vítima de abuso sexual ou físico recorrente;
- Estresse associado a condições médicas gerais;
- Manteve uma relação com um abusador ativo de substâncias sem procurar ajuda durante pelo menos dois anos.

Se tomarmos todas as definições e as escalas existentes nos EUA, como a de Spann e Fischer, veremos que há algumas características invariavelmente citadas por todos os autores:

- Foco no outro;
- Negligência ou descuido de si mesmo;
- Incapacidade para expressar as emoções;
- Condutas de controle, obsessões e compulsões.

O panorama complica-se ainda mais quando se começa a falar da codependência como um vício em si mesma. Em 1975, Stanton Peele escreve *Amor e adição*, que é a antessala para o que virá na década de 80 com o best-seller de Robin Norwood *Mulheres que amam demais*. Seria seguida por Anne Wilson Schaef, Pia Mellody, Walter Riso, Howard Halpern, Melodie Beattie e muitos outros autores que colocam o foco nos vícios amorosos. Ou seja, utilizam os mesmos parâmetros que definem os vícios em substâncias para definir vícios relacionais.

Na área científica, mais à frente no tempo, o doutor Jorge Castelló Blasco, reconhecido psicólogo espanhol, faz uma excelente contribuição em seu trabalho "Análise do conceito de dependência emocional" e num livro sobre o tema que foi recentemente publicado: *Dependencia emocional: características y diagnóstico*.*

Em seus trabalhos, propõe os critérios para o diagnóstico do Transtorno da Personalidade pelas

---

* A obra foi publicada em 2005 e, até o momento, não tem tradução no Brasil.

necessidades emocionais e a sua particular observação da dependência emocional dominante como a forma atípica mais frequente em homens, diferentemente da dependência emocional padrão, frequente nas mulheres.

Carlos Sirvent, psiquiatra do Instituto Spiral de Madri, fará referência às dependências relacionais para distinguir nelas a dependência emocional, a codependência e a bidependência.

Esse instituto reúne um grande número de colegas que trabalham seriamente para poder concluir protocolos de avaliação úteis para o diagnóstico dos diferentes tipos de dependências emocionais.

Fernando Mansilla Izquierdo realiza um excelente trabalho sobre codependência e psicoterapia interpessoal no qual traça um registro do conceito com foco no desenvolvimento da codependência a partir da relação mãe e filho.

Andrea Coddou Méndez e Mônica Chadwick Lira, do Chile, expõem a evolução do conceito de codependência numa valiosa tentativa de aproximarem-se de uma definição operacional do termo.

Cristina Meyrialle, psicóloga argentina, realiza oficinas sobre codependência e criou um site na web: www.lacodependencia.com.ar.

O doutor César Malpartida, do Peru, trabalha com a codependência e produziu interessantes trabalhos sobre o tema a partir do trabalho na área das adições.

O doutor Augusto Pérez Gómez e a doutora Diana Delgado, da Colômbia, realizaram um excelente trabalho de pesquisa com o objetivo de validar o conceito de codependência e de elaborar um instrumento de avaliação. A tarefa é de enorme interesse do ponto de vista metodológico e conceitual.

Pessoalmente, publiquei artigos sobre codependência e estresse conjugal: um enfoque psiconeuroimunoendocrinológico e um artigo sobre codependência e sobrecarga em cuidadores de Alzheimer, nos quais se alerta sobre o estresse de quem acompanha esses doentes crônicos.

Nos últimos anos, estamos vendo surgir uma numerosa bibliografia focada no que alguns autores começam a chamar de adições do século XXI, novas adições ou adições tóxicas. Dentro dessa denominação, começam a ser agrupados muitos vícios de comportamento, como o vício em jogo, em relacionamentos, em trabalho, em sexo, em internet, em videogames, em compras, em telefone celular... E a lista poderia prosseguir.

O denominador comum é que já não importa o objeto do vício, mas que existe um comportamento, uma substância ou uma pessoa que são utilizados para modificar um estado emocional insuportável. Esse comportamento produzirá um alívio transitório, daí porque é repetido várias vezes até ficar fora do controle. É então que o indivíduo começa a experimentar um sofrimento com o seu acionamento que não pode deter sem ajuda externa. Deve-se destacar que essas condutas começam a provocar uma deterioração na vida social, afetiva e familiar, assim como na saúde, que acaba sendo negligenciada.

Nesse breve itinerário do qual só menciono uma pequena parte, quero destacar os colegas que se animam a trabalhar neste campo tão impreciso e, como disse, às vezes desprestigiado da saúde mental.

Mais além das imprecisões diagnósticas, nós que trabalhamos com dependências afetivas sabemos claramente de que se trata essa doença e de que forma podemos ajudar. O desafio consiste em seguir trabalhando no campo científico para estender a transmissão e a difusão e para que, desse modo, cada vez mais profissionais da saúde se aproximem da problemática e colaborem na sua pesquisa e tratamento.

SÉTIMA PARTE

A RECUPERAÇÃO

7.1. INTIMIDADE: AMAR DE CARA LIMPA

A mulher que eu quero não precisa se banhar toda a noite em água benta.
La mujer que yo quiero (A mulher que eu quero)
JOAN MANUEL SERRAT

Ao falar de intimidade, não me refiro à intimidade sexual ou à proximidade dos corpos.

A intimidade é, em minha opinião, um conceito que está muito ligado à autenticidade e ao compromisso.

Como vimos ao longo do livro, o vício em relacionamentos é uma forma de vinculação em que duas pessoas se relacionam com o que desejam ver no outro, e não com quem o outro é na realidade. É uma relação que se estabelece no campo da ilusão.

A maioria das relações começa assim, com uma instantânea emoção que nos faz pensar que conhecemos o outro de toda uma vida. E de alguma forma isso é verdade: o outro é o que se construiu na fantasia e era preexistente. Essa pessoa de carne e osso só preenche esse lugar e empresta o seu rosto e a sua forma.

À medida que passam os meses, começam a ser conhecidos os verdadeiros aspectos de um e de outro.

As pessoas que se relacionam de forma sadia sentem o declínio da paixão como algo natural. Não lhes faz falta a adrenalina e, no seu lugar, começam a construir projetos e a centrarem-se novamente em suas vidas, sem ficarem obcecadas pelo parceiro. Surgem alguns desencantamentos, mas suporta-se a frustração de saber que o outro não era como tínhamos imaginado. Não buscam a perfeição, nem mudar o outro. Ele está bem como é, ainda que lhe faltem algumas coisas e sobrem outras. Pode-se fazer um balanço que, se for positivo, permite crescer um amor mais maduro e comprometido. Não há problema em se deixar conhecer, já que existe autoaceitação e autoconfiança. Isso não quer dizer que se goste de todos os aspectos de si mesmo, mas que os reconhecemos como próprios e que deixamos de lutar contra eles. E caso trate-se de aspectos que podem ser mudados, trabalha-se de forma serena nesse sentido.

Existe também uma convicção de que as pessoas se sentem merecedoras do amor e dignas de ser amadas.

Mas é difícil se deixar conhecer de verdade quando muitos aspectos de si mesma incomodam. Quando se teme que as zonas obscuras afugentem o outro, e o medo se apodera de nós, começamos a fingir. Finge-se que tudo está bem, que são felizes, que não há o que temer.

A relação avançará então com máscaras e irá estruturar-se sobre a ilusão. O jogo tem estas regras: ninguém pode tirar as máscaras porque a verdade sobre quem é o outro não é aceitável. E talvez o outro não goste de quem ela é, e isso é perigoso. Durante um tempo, brincarão de se aceitar, mas a realidade terminará por se impor. É o começo da tragédia.

A intimidade numa relação viciante não é possível. O temor à rejeição impossibilita que as pessoas se exponham e se mostrem como são. A intimidade emocional é uma construção das relações sadias que não temem a proximidade, pois não há fusão. Há uma medida correta entre os dois: nem muita distância, nem muita proximidade. Não há dois em um.

Nas relações sadias, não é preciso a vertigem para se anestesiar. Não se teme a familiaridade, não é preciso fazer esforços para segurar ninguém, de modo que se pode ter confiança, dar a sua opinião e fazer o que se tenha vontade de fazer sem medo de ferir nem ser ferido por ninguém.

Como não há tentativa de controlar ou mudar o outro, não há desqualificações nem críticas ou elogios velados. A comunicação é direta e franca. Não estamos falando aqui de casais que não têm desentendimentos ou que não discutem. Muito menos de modelos perfeitos de relação, que seriam um tanto suspeitos.

São casais que aprendem a tolerar as diferenças, que não se calam e que não temem o trabalho emocional.

Esse trabalho de exposição e honestidade é possível porque não há medo do que será feito depois com essa informação. Não será usada para a extorsão nem para a chantagem emocional. Essa confiança básica é fundamental para podermos ser abertos e expansivos. Se uma pessoa expressa francamente os sentimentos ou o pensamento e depois é criticada ou julgada, acaba por se calar.

Existe um desejo de dar que é genuíno. Não há a secreta ambição de que o outro ficará por causa disso, nem há o medo do que poderia ocorrer caso dissesse não. De fato, são casais que muitas vezes dizem não.

Aceita-se que nem todas as necessidades serão satisfeitas, e é praticada uma tolerância saudável.

O erotismo procede da ternura e do companheirismo e não tem a intensidade e a premência dos vínculos viciantes. Não há urgência, não é a última vez.

O trabalho é compartilhado e nenhum se sente explorado pelo outro. São relações de reciprocidade, simétricas e de paridade. Aqui não existem mães e filhos. Há dois adultos que se acompanham sem tomar conta um do outro.

O senso de humor prevalece e a monotonia é vivida como uma profunda e serena sensação de calma e bem-estar.

7.2. Deixar de ser vítima

> *Merecer a vida é erguer-se na vertical, além do mal, das quedas.*
> *Honrar la vida (Honrar a vida)*
> E. Blázquez

Uma das perguntas mais frequentes sobre a recuperação tem a ver com a conveniência ou não de incluir o parceiro no processo e se, necessariamente, esse caminho levará à separação.

A resposta é que a recuperação não é um trabalho para salvar um casal nem para destruí-lo. O trabalho de recuperação é pessoal e independente de se estar ou não vivendo junto e com quem.

Trata-se de uma jornada que propõe corrigir crenças distorcidas em relação aos vínculos e trabalhar com os sentimentos de vazio e desamparo que ficam mascarados pelo vício.

Se considerarmos que uma substância ou um comportamento dependente são usados para alterar um estado de ânimo intolerável, a recuperação implica necessariamente transitar por essas emoções temidas para não ter que se esquivar delas nunca mais.

De tal modo que a dependente começa a aprender a deixar de controlar tudo e coloca-se em contato com esses sentimentos negativos: o medo da solidão, as perdas, a pouca valorização, a família que queria ter e não teve, e todas as situações dolorosas que aconteceram na sua vida e pelas quais ainda não pôde chorar.

Quando deixar de temer esses fantasmas, poderá permitir que essas emoções fiquem à mostra sem ter que sair correndo para encobri-las com uma relação que sirva de entrave para a dor.

À medida que se estanca a dor pelas perdas, as pessoas tornam-se extremamente vulneráveis. Têm que fazer um esforço enorme para bloquear essas emoções e, por outro lado, não conseguem desenvolver uma verdadeira intimidade com ninguém.

Por outro lado, é útil revisar algumas crenças que estão muito arraigadas nos dependentes, uma vez que, com elas, construíram um argumento de vida, um tipo de roteiro que será imutável se não for trabalhado.

Se uma mulher acredita que tem de ser perfeita para ser amada, ou que é uma pessoa ruim caso diga não a algo, ou que o amor entre um casal deveria ser incondicional, essas mensagens vão moldando o tipo de relações que pode viver.

Sem dúvida, aprender a enfrentar as adversidades da vida e a não temer a angústia e a incerteza gera mais confiança em si mesma. É possível aprender que a frustração ou a tristeza são estados de ânimo pelos quais se pode passar e dos quais se pode sair.

Tolerar a frustração provocada por uma realidade que se impõe de maneira implacável contra nossos desejos é um dos sentimentos mais difíceis de atravessar para uma pessoa com personalidade dependente.

Quando uma mulher sente que o homem amado não a ama, ou não deixa outra relação por ela, ou não para de beber ou de fazer qualquer coisa que ela não aprova, aparece uma enorme frustração.

É então que emprega todos os seus recursos para mudar a situação ou para negá-la, em vez de trabalhar para aceitar que essa é a realidade e que é consigo mesma que terá de dialogar e, assim, ver se fica nessa situação aceitando que não pode melhorá-la, ou se decide partir, mesmo sofrendo, para seguir procurando o que deseja.

Sabemos que não é tarefa fácil, e por isso os grupos de autoajuda ou de ajuda mútua transformaram-se num recurso privilegiado na recuperação, independentemente de outras modalidades terapêuticas de que são complementários. O grupo permite espelhar-se todo o tempo e ver nas demais integrantes o que não se consegue ver em si mesma.

A dor de passar pela recuperação é muito mais tolerável quando se compartilha com outras pessoas que atravessam a mesma situação. A solidariedade, o humor, a informação e a possibilidade de transmitir aos outros aquilo que se aprendeu são valores agregados.

Nas relações dependentes, é comum supor que a chave da felicidade e do bem-estar está com o companheiro. "Se somente fizesse tal coisa ou deixasse de fazer outra, tudo melhoraria." Existe uma promessa de felicidade pela qual se espera que tudo será solucionado quando ele mudar: quando deixar de beber, quando se separar, quando assumir responsabilidades adultas, quando superar a fobia de compromisso, quando dedicar mais tempo à parceira.

A recompensa futura parece tão interessante que é preciso trabalhar arduamente para que isso ocorra. Procuram-se terapeutas para ele ou vai-se a uma terapia para ver como é possível ajudá-lo. Leem-se livros, procuram-se informações, fala-se com conselheiros, amigos, parentes para que o convençam de ser quem não é ou não quer ser.

Como vemos, o trabalho é esgotante e frustrante. São empregadas centenas de "horas-aula reivindicatórias" nas quais ela enumera as suas necessidades, e ele escuta até se impacientar e se irritar. Porque também é verdade que ninguém quer ser mudado à força, nem que lhe empurrem a responsabilidade pela infelicidade alheia.

Que fazer então? Calar e reprimir a confusão, a angústia ou a dor não é uma boa opção.

Definitivamente, não. Caso não se utilize a palavra, as pessoas são levadas à ação e essa pode ser uma fonte de violência ou de decisões apressadas.

Contudo, é bem diferente comunicar o que acontece conosco, o que sentimos, o que precisamos e o que dói, de que atacar o outro, julgá-lo, dizer-lhe o que tem de fazer ou atribuir-lhe intenções que talvez não tenha tido. Poucas vezes paramos para pensar de que maneira vamos comunicar as coisas, quando, na verdade, a maioria das vezes é a forma e não o conteúdo da mensagem que machuca e não permite a comunicação.

É verdade que a mera informação não vai mudar as coisas, mas pelo menos se oferece ao companheiro a possibilidade de saber com quais cartas estamos jogando e quais são as consequências que podem ser esperadas.

Houve uma época em que a dependente não sabia o que lhe acontecia. Atribuía à má sorte ou à sua incapacidade o fracasso das suas relações. Agora sabe que isso que lhe acontece tem um nome, uma causa e um tratamento.

Não é fácil assumir que se sofre de uma doença. Saber que é uma dependente afetiva pode causar dor e alívio ao mesmo tempo. Porque também se abre a esperança de mudar um padrão vincular que a leva a sofrer e a adoecer em todas as suas relações.

Assumir a responsabilidade pelos vínculos que se estabelecem não significa se sentir culpada. Trata-se de deixar um lugar de impossibilidade para reconstruir a própria história e reescrever o roteiro da sua vida.

7.3. Resiliência: a transformação é possível

Um sobrevivente é um herói culpado de ter matado a morte.
La maravilla del dolor (A maravilha da dor)

Boris Cyrulnik

RESILIÊNCIA: termo que provém da física, do campo da metalurgia, e que se refere à capacidade que os materiais têm de recuperar a sua forma original depois de ter sofrido um impacto.

A psicologia toma esse termo da física e o ressignifica para denominar a capacidade que algumas pessoas têm para transformar as suas vidas e se recuperar das feridas depois de ter sofrido uma dor ou um trauma.

São pessoas com recursos assombrosos para encarar a adversidade, suportar o choque e sair transformadas.

É notável ver como algumas crianças que passaram por verdadeiras tragédias na infância chegam à vida adulta fortalecidas e com mais e melhores recursos emocionais do que as que provêm de lares funcionais.

Perguntamos, então, se é possível mudar o que se apresenta como um destino inexorável e, em caso positivo, quais são as condições e os recursos que fazem isso possível.

Boris Cyrulnik, psiquiatra e etólogo francês, dedicou boa parte da sua atividade científica a investigar esse fenômeno. Aos seis anos, Cyrulnik fugiu de um campo de concentração e passou a infância em orfanatos e centros de acolhimento. A sua família nunca voltou. Ele é a prova viva da possibilidade de transformação do psiquismo depois do trauma.

Os modelos de relação parentais forjam em grande medida o que serão os nossos padrões vinculares adultos. No caso das dependências afetivas, como vimos, os adultos que têm que desempenhar a função de cuidadores têm sérias dificuldades ao exercê-la.

As crianças que tiveram a infância roubada foram vítimas de um desamparo emocional brutal. Num momento da vida em que deveriam sentir que há alguém que funciona como provedor afetivo e econômico, elas têm a dura tarefa de crescer de repente para sobreviver ao caos e à indigência emocional.

É importante ressaltar que essa situação não ocorre somente em famílias com poucos recursos econômicos. Essa é uma condição que pode existir ou não. A condição fundamental é que os pais, ou um deles, não registrem as necessidades emocionais da criança e pretendam que os filhos se ocupem das necessidades emocionais dos adultos.

Se uma criança tentar fazer valer o seu direito à satisfação do próprio desejo, será condenada por egoísmo. Em seu processo de crescimento, a criança tenta estabelecer os próprios limites, gerar autoconfiança, desenvolver autoestima, aprender com as próprias percepções e construir a sua realidade.

Quando os pais não incentivam esse processo e não respeitam a identidade da criança e, em troca, forçam-na a adaptar-se excessivamente a normas para agradar aos demais, interrompem um desenvolvimento sadio.

Desse modo, a criança aprende que deverá deixar de ser quem é e silenciar o que pensa ou o que sente porque pesa sobre ela a ameaça do desamor e do abandono.

Anteriormente, nós nos referimos ao abuso e à violência emocional. Como vimos, o seu caráter insidioso faz com que seja de muito difícil detecção, daí porque as famílias nas quais existe esse tipo de vinculação poucas vezes reconhecem a existência da violência.

As crianças são vulneráveis por natureza e dependem inteiramente dos adultos para sobreviver. Elas precisam saber que seus pais são fortes e que poderão cuidá-las e se encarregar delas. É comum que idealizem as figuras paternas, pois precisam fazer isso para sentirem-se seguras.

Quando isso não ocorre, começam a sentir vergonha, desproteção e uma crescente sensação de não serem suficientes. A sua autoestima ressente-se e começa uma corrida na qual se esforçam cada vez mais e, ainda assim, não conseguem alcançar a meta. Não há coerência entre o que pensam, o que sentem e o que fazem, e por isso começam a sofrer de uma grave dissociação que tem um grande custo psíquico. O preço que devem pagar por sobreviver é calar. Não dizem o que pensam e reprimem a ira, a raiva e a frustração. Acreditam que está errado sentir o que sentem e se autocondenam. A culpa será desde então a sua companhia inseparável.

Não obstante, é possível modificar esses padrões vinculares e moldar novas relações que no futuro permitirão que os filhos desses codependentes em recuperação não repitam fatalmente o círculo doloroso.

As pessoas que têm capacidade de sonhar e de enfrentar a sua desgraça conseguem transformar a tragédia em drama. Encontram opções, buscam uma saída. Identificam-se com outros adultos que lhes proporcionam um modelo diferente e que lhes dão confiança. Procuram aquelas pessoas que acreditam nelas e que lhes permitem crescer com maior sensação de dignidade. Lutam, não se dão por vencidas, não se vitimam, não se autocompadecem. Olham ao redor e veem que há outros para quem as coisas foram piores. Agradecem o que têm e valorizam a vida. Estão convictas de que aprenderão as lições trazidas pela dor, procurarão redes de suporte e serão generosas no afeto. Demonstrarão a si mesmas que as experiências ruins vividas não lhes tiraram a capacidade de amar e de serem amadas. E, ainda que errem, tentarão de novo.

Essas são as pessoas que conseguem completar a recuperação das dependências afetivas.

Testemunhos anônimos das integrantes do grupo de dependências afetivas

Estes testemunhos foram escritos por integrantes de um grupo para mulheres com dependência afetiva que coordeno há quinze anos. Os seus relatos me foram entregues generosamente com o objetivo de compartilhar com outras mulheres um pouco do que elas aprenderam.

O relógio biológico

Carolina, 35 anos

Sentia desespero. O relógio biológico avançava rapidamente, e eu estava excluída desse mundo ideal. Não tinha marido nem filhos e, apesar de estar muito bem do ponto de vista econômico e profissional, sentia que minha vida era um fracasso.

Minhas amigas casadas me invejavam porque diziam que eu tinha tudo para estar bem: vivia só num belo apartamento, tinha dinheiro, viajava para todos os lugares, diziam que eu era atraente, mesmo que eu não achasse, e não tinha problemas para conhecer homens.

Mas sempre escolhi mal. Sempre o pior. Quando conheci Javier, tinha 31 anos e pensei que tinha chegado a minha vez: era O CANDIDATO. Superatraente, jovem, profissional, inteligente, solteiro, bem estabelecido economicamente.

Fazia três dias que nos conhecíamos (e tínhamos passado uma noite juntos), quando ele me disse que tinha recebido uma oferta de trabalho no exterior, mas que viajaria para ficar comigo um final de semana por mês. Em vez de ficar triste com o meu azar, pensei que ele estava tão apaixonado que era capaz de fazer semelhante viagem somente para me ver.

Levei quase um ano para perceber que era um impostor, que tinha uma vida dupla (com mulher e filhos) e quando me telefonava do exterior era somente do exterior da sua casa em Buenos Aires.

Mas o pior veio depois. Quando percebi, longe de censurá-lo e me irritar, chorei, pedi, implorei que não me deixasse. Disse que aceitava qualquer coisa com a condição de que seguíssemos juntos. Ele começou a me evitar, e enlouqueci. Eu o seguia de carro. Esperava por ele de madrugada na porta da sua casa. Deixava-o louco. É verdade que ele me dava algumas esperanças. Dizia que, se nos víssemos como antes (uma vez por mês) e eu nunca lhe telefonasse, poderíamos continuar a relação, e talvez algum dia ele se separasse.

Acreditei. Comecei a adoecer seriamente, emagreci quase doze quilos e não parava de chorar. Demorei muito tempo até perceber que ele não me amava e, talvez, nem eu o amasse. Coloquei-me em situações de indignidade, me rebaixei e deixei que me humilhassem.

Hoje estou melhor, mais tranquila. Os grupos e a terapia me ajudaram a romper com essa relação e a sair desse inferno. Hoje conheço outros homens, mas tento não me apressar. Sei que meu desespero me leva a acreditar em coisas que não existem e a inventar histórias fantásticas para mim mesma. Sei que o tempo passa e sigo inquieta para saber se vou poder ter uma família, mas também sei que não vou ficar com qualquer um para conseguir isso.

Crônica de um adeus anunciado

María Laura, 45 anos

Talvez tenha sido com o meu último relacionamento que tomei consciência de que realmente estava repetindo padrões doentios e devia fazer alguma mudança importante.

Embora já tivesse tido outras relações, em geral, curtas – não mais de um ano ou um ano e meio –, nas quais havia sido maltratada ou abandonada, foi a última, com Juan, a que me deixou arrasada.

No nosso primeiro encontro, fiquei muito atraída devido à química que tivemos e que se manteve incrivelmente durante todo o tempo em que estivemos juntos.

Sempre houve sinais de que a nossa relação não iria durar. Eu insistia, apesar de querer ter uma relação estável e duradoura. Ele, desde o primeiro momento, disse que iria partir para o Sul. Na realidade, estava "de passagem" por Buenos Aires. Como esse "de passagem" já durava três anos, pensei que poderia se estender mais ou que eu poderia ir com ele. Nenhuma dessas coisas estava em seus planos. Sempre falava em "ir embora", e não em "irmos embora".

Esses foram os sinais que, embora eu os tenha ignorado, me diziam que eu tinha que romper com a relação. Mas não podia fazer isso.

O problema foi quando fiquei grávida. Na realidade, quando perdi o bebê. No dia seguinte, ele veio à minha casa – como se nada tivesse acontecido – e me contou todos os problemas que tinha com o filho menor. Ainda por cima tive que consolá-lo! Para terminar a noite, confessou que foi um alívio o fato de eu ter perdido o bebê.

A partir daí, nossa "relação" foi decaindo, sobretudo porque eu nunca – até hoje – me recuperei da perda do bebê e nunca contei com o seu apoio. Fora isso, acelerou-se a viagem dele para o Sul.

Quando, finalmente, a relação terminou, comecei a decair psicologicamente e fisicamente. Até a presente data, perdi muitos quilos e estou consultando um psiquiatra.

Venho de um lar disfuncional, onde só se fala de trabalho. Ou de doenças. E de algumas, em particular, não se fala, como a minha depressão, por exemplo.

Hoje acredito tão somente que dei o primeiro passo na minha recuperação: ver, perceber. Mas, no fim, isso é o mais importante.

A família "Ingalls"
Laura, 59 anos

O casamento que deixei para trás há alguns anos era, aos olhos dos demais e aos meus próprios, o mais parecido com a família perfeita. E havia motivos para não ser? Unidos por amor. Três lindos filhos. Marido de sucesso. Bom nível econômico... Um quadro belíssimo que eu mesma sustentava no meu devir ilusório.

A realidade que eu não conseguia ver nem resolver era a minha. Sofria violência emocional, verbal e econômica, crônica e severa. As humilhações, a repressão muda, olhares, gestos gelados carregados de violência e o medo do imprevisível conviviam comigo. A assimetria de poder era abismal. A dor era gigante. Sempre diminuía a importância do ocorrido. A impossibilidade de ação me dominava. A submissão crescia. Tudo isso corroía a minha psique de forma lenta e eficaz. Estava só e vazia. Vivia com taquicardia e várias alterações orgânicas que só ocorriam quando não aguentava mais.

    Não podia me assumir como uma pessoa adulta. Não podia acreditar no que acontecia comigo. Pensava que estava exagerando, que estava enlouquecendo. Nada correspondia à imagem que eu havia criado dele. "No fundo, me ama", pensava. Fazia terapia às escondidas. Não me servia. Estudava às escondidas. As coisas seguiam mal. Deixei nada menos que a minha vida confiada aos pés do meu marido. Os aspectos bons da relação me confundiam. Etapas de harmonia. Precária paz. Viagens, algum presente. Tudo era maravilhoso. Migalhas para um esfomeado parecem um banquete. Quando não suportei mais, sempre às escondidas, e desta vez por medo de fortes ameaças caso me separasse, e com uma severa deterioração psíquica e física, pedi ajuda. O medo me paralisava. O medo de ficar era forte. O medo de terminar a relação congelava meu sangue.

    Tive o apoio de um programa para mulheres vítimas de violência familiar. Havia perdido quinze quilos em três semanas. Soube de abrigos fora da minha casa. Ali me ajudaram a dar os primeiros passos, a começar, sustentar e concluir o divórcio. Não foi pouco! E nem suficiente. A condição de mulher vítima não me ajudou muito. Eu era um ser extirpado do planeta e recheado de dor. Mesmo com as mudanças alcançadas e encurralada pela situação, seguia destruída, vazia, desabitada de mim. Era uma menina aterrorizada frente ao mundo.

O desamor havia calado profundamente. Sobrevivia com o vazio e a dor naturalizada de sempre, potencializados nessa etapa pela abstinência do meu vínculo dependente. Queria ajuda. Ainda tinha que fazer muito pelos meus filhos adolescentes. Bati em muitas portas que não me ajudaram. Encontrei pessoas que foram um grande fator de resiliência no meu caminho. Nessas condições, cheguei ao Grupo de Dependências Afetivas. Grupo do qual eu havia fugido no início, anos atrás, numa tentativa desesperada de fazer algo mais pelo meu casamento. Já nessa época, minha situação era arriscada. Fugi. Falam de vício! Lamentavelmente para mim, naquele momento decidi que aquilo não tinha a ver comigo. O poder da dependência fez com que não pudesse escutar nem ver... E então voltava... E o grupo estava ali.

A esta altura da minha recuperação, sei que desejar amar e ser amada é legítimo. O insano: não nos priorizarmos e abandonar-nos. Transformar outra pessoa ou relação, seja qual for o vínculo, no centro da nossa vida. Esse centro é nosso. Não se entrega e não se negocia. Fazer isso é se desumanizar. É desfazer-se de si mesma. Relacionar-se devido à necessidade é insalubre. No grupo aprendemos uma maneira sadia de nos relacionar. A recuperação não é fácil. Implica parar de sofrer. É uma grande esperança. Respeitar-se para sermos respeitadas. Tampouco é uma meta que procura a perfeição. É um caminho de melhoras e aprendizagens constantes.

A grande gratificação: viver minha vida com saúde, estando EU dentro dela, cuidando de mim, decidindo, levando meus projetos adiante com prazer, compartilhando momentos gratificantes com meus filhos e netinhos, aproveitando as relações de afeto genuínas que escolho e que apoiam e alegram a minha vida.

Também posso deixar num canto da minha vida quem não compartilhar isso que quero para mim.

Inimigo íntimo

Adriana, 46 anos

Estou divorciada. Antes que isso ocorresse, conheci Fernando. Quando essa segunda relação terminou, porque eu estava morrendo, prestei atenção em um livro que estava na minha casa e me vi refletida nele. No meu entender, salvou minha vida, e decidi sair para pedir ajuda para poder colocar em pé o que restava de mim.

Quando o conheci, fui atraída pelo seu jeito rude e pela sua simpatia. Tinha um belo sorriso e, além disso, era atencioso, viril e telefonava constantemente.

Depois de um tempo, começaram os problemas: discussões, idas e vindas que ele decidia e eu aceitava. Os maus-tratos e a crueldade verbal eram matizados com afagos e presentes. Nessas discussões, eu me fazia de forte, mas sempre voltava e isso me destruía porque sentia que a minha autoestima e dignidade se evaporavam. Estava muito apaixonada. Vivia para satisfazer os seus desejos, controlava a sua roupa, os seus ternos, revisava tudo. A obsessão estava me enlouquecendo. A desilusão total chegou quando ele começou a ganhar dinheiro demais para ser de forma honesta. Confessou que havia roubado. Entre outras coisas, começou a sair à noite, e eu não suportei mais. No começo, minha mente apagava tudo para não o perder. Além disso, havia a sua irritabilidade, que ia crescendo dia após dia (não sabia se ele consumia drogas), e, depois de uma forte discussão com minha filha mais velha, as coisas se encaminharam para o fim.

Estive em perigo, conforme soube depois, mas o medo de perdê-lo fazia que nada importasse. Emocionalmente, estava destruída; não havia terapia que pudesse me ajudar, pois ninguém conseguia diagnosticar meu problema. Desisti do trabalho. Não conseguia parar de chorar em todos os consultórios aonde ia. Fisicamente, durante essa relação, tive fraturas, pneumonia, problemas ósseos, gastrointestinais, edemas em todo o rosto, anemia, contraí herpes e o vírus do HPV, sem desenvolver clinicamente. Estava muito doente.

Não podia abandoná-lo porque não queria perdê-lo. Eu o amava e, quanto mais distante ele estava, meu desespero crescia.

Acredito que venho de um lar com um pai a quem amei muito (o perdi faz pouco tempo), que era agressivo e a quem idealizei. Minha mãe me era indiferente.

Aprendi durante a recuperação que é possível restabelecer a paz e a saúde, que devo tentar não controlar nem mudar ninguém mais do que a mim mesma, respeitando os demais, e, se há algo ou alguém que atrapalha o que foi obtido, eu me afasto.

Meu agradecimento eterno a todos os que me ajudaram, que foram muitos. É possível sair desse inferno, somente é preciso querer, sem deixar de estar atenta e alerta.

Não devemos subestimar a nossa intuição e lembrar que a união faz a força. Obrigada.

A amiga incondicional
Alicia, 58 anos

Depois do meu divórcio, tive uma relação com um homem que era a antítese do meu ex-marido (estive casada por trinta anos) e foi isso que me atraiu tanto: era frio, distante, debilitado emocionalmente.

Estava tão comprometida em mudá-lo que toda a minha energia era colocada nisso (era a minha anestesia perfeita).

Os problemas começaram, dia após dia. As diferenças NÃO ERAM NEGOCIÁVEIS e, no entanto, que desafio: como me atraía mostrar a ele que, se mudasse, poderia ser feliz!

Os únicos sustentáculos da relação eram o sexo e a minha escuta incondicional dos problemas dele. A desilusão chegou quando ele não fazia o que eu acreditava que era o melhor para ele.

Corri perigo. Cada vez que propunha me afastar, ele ficava violento, eu não sabia como sair da relação.

De todas as formas, a minha fantasia oculta de que eu iria mudar a sua conduta sempre rondava a minha cabeça como meu OBJETIVO. As promessas dele e as minhas fantasias eram um coquetel explosivo.

Sempre cuidei dos outros. Na minha família, desde muito pequena, sempre fui treinada para cuidar dos outros.

Fiquei sabendo dos grupos por uma amiga que me disse que isso não era amor, mas obsessão.

Aprendi a me resgatar e a intervir em mim, aprendi a respeitar o programa de recuperação, a ver minhas conquistas, a ter paciência.

Queria transmitir às outras pessoas:

- que há uma REDE invisível que está sempre pronta para me ajudar;
- que tenho que me animar a me soltar;
- que é possível;
- que os grupos são amorosos;
- que são anônimos;
- que não me julgam nem aconselham;
- que não preciso que precisem de mim;
- que quem precisa de mim NÃO ME AMA;
- que no amor peço reciprocidade;
- que não caio mais no vazio;
- que as relações servem para se sentir bem;
- e que sempre há um DEUS amoroso, que prepara o melhor para mim.

Este obscuro objeto do desejo

Beatriz, 60 anos

Estive numa relação de 27 anos e sentia insatisfação devido aos maus-tratos emocionais e físicos. O que me atraiu no começo da relação foi o sexo.

Senti que ele não levava em consideração as minhas queixas e que me faltava o respeito como pessoa. Minha saúde sofria, tive longas depressões e até pensei em suicídio.

Não podia abandonar a relação devido à minha dependência econômica e afetiva.

Sou incondicional para cuidar dos outros e não consigo colocar limites e mantê-los por muito tempo.

Acho que venho de um lar disfuncional.

Cheguei aos grupos por meio de uma colega e aprendi muitas coisas, sobretudo, ainda que seja difícil, a sustentar o rompimento e a não reincidir em uma relação doentia.

Quero dizer a outras mulheres que não cedam nos seus princípios e valores de vida e que não permitam os maus-tratos físicos e emocionais. Ceder não é o mesmo que conceder.

7.4. O caminho da recuperação

Vem, vamos conversar, senta um pouco, não vê que és meu
semelhante?
A un semejante (A um semelhante)

E. Blázquez

Os grupos de autoajuda

Como terapeuta, sempre acreditei na eficácia dos grupos. Ainda que no meu consultório trabalhe de forma individual e vinculada, há mais de vinte anos complemento essa prática com a coordenação de grandes grupos.

Quando comecei com os grupos para mulheres com relações conjugais conflituosas, o tema das dependências afetivas e do vício em amor era considerado questão menor ou de revistas femininas.

No entanto, nos encontros semanais, as mulheres falavam da sua dor, da sua desesperança. E ficava cada vez mais claro para mim que o modelo com o qual se relacionavam era similar ao consumo de um tóxico:

sabiam que lhes fazia mal, mas não conseguiam se controlar. Feriam-se várias vezes.

Comecei a coordenar grupos para mulheres com dependência afetiva no ano de 1986. A partir de então, abriu-se diante de mim um panorama que no âmbito pessoal e profissional mudaria radicalmente a minha maneira de pensar as relações.

Os grupos de autoajuda, os programas dos doze passos, os ensinamentos dos Alcoólicos Anônimos (AAs) faziam parte de um campo alheio ao interesse científico na Universidade de Psicologia da época. Estávamos perdendo um enorme caudal de sabedoria por preconceitos cientificistas e eruditos que subestimavam a sua importância. Ou a reconheciam, mas atribuíam a sua eficácia à sugestão e a posicionavam mais perto do dogma, da religião ou do esoterismo.

Não era fácil, naqueles tempos, tentar unir essa experiência com o conhecimento científico.

Por isso, meus primeiros grupos refletiram essa rota na qual, junto com centenas de mulheres, fomos aprendendo semana após semana que era possível amar sem que isso fosse uma tortura psicológica e que os vínculos podiam deixar de ser tóxicos para se transformarem em redes de contenção, afeto e provisão de bem-estar.

Não creio que possa transmitir cabalmente a aprendizagem desses grupos, pois a escrita carece do fator de transformação mais importante: a emoção. As que participam dos grupos não são mulheres virgens de autoconhecimento. Ao contrário. Passaram por anos de análise, psicoterapias, buscas espirituais, leituras e trabalho pessoal. Nada do que se escuta nos grupos é totalmente novo para nenhuma de nós. No entanto, as histórias que são relatadas entre os pares têm um efeito de encantamento. Promovem a identificação imediata, permitem sair da vergonha, mobilizam a solidariedade e abrem um caminho de esperança.

A força do grupo, somada às experiências pessoais, ao humor, ao choro e à troca de alternativas saudáveis para cada situação colocada, foi construindo um programa de recuperação que excede a demanda inicial com a qual se veio até o grupo e constitui um aprendizado para a vida.

Todos os grupos de autoajuda ou de ajuda mútua compartilham essas características, mas os grupos de dependências afetivas aportam dificuldades extras.

Como se desenvolve um grupo de ajuda mútua com "ajudantes compulsivas"? Como se vincular sadiamente quando o grupo é integrado por pessoas cujo funcionamento vincular está deteriorado?

A experiência nos ensinou que isso era um bom "programa-piloto" para testar modelos saudáveis de ajuda e de interação que logo seriam repetidos na construção dos vínculos cotidianos.

Tentarei compartilhar com os leitores alguns dos ensinamentos recolhidos nesses anos de trabalho em grupo e na minha prática privada no consultório. Ao modo de um coro grego, como diz uma das integrantes, o grupo fala nestas páginas. O que se segue é parte desse trabalho conjunto.

A recuperação é um processo

E o amor também. As relações dependentes não contemplam a ideia de processo. Não são construídas passo a passo, nem por tentativa e erro e muito menos com paciência. São relações de tudo ou nada, céu ou inferno, amor e ódio, rompimento violento e reconciliação cinematográfica.

Nelas prevalece o pensamento mágico – "ele vai mudar; podemos esquecer e começar de novo" – e a rápida reconciliação. As pessoas parecem mudar por força de magia e uma boa noite de sexo, ou uma promessa as faz esquecer a injúria e a humilhação.

Nessas relações, não há lugar para a espera nem para as demoras. É preciso decidir já. Não há tempo para pensar, e as decisões são compulsivas. A possibilidade de pensar e de refletir é uma ameaça. A crença subjacente é que, se o outro pensa e reflete, vai perceber que a relação não vale a pena ou é insatisfatória. Portanto, é preciso atuar, e o quanto antes.

A recuperação, dizem nos grupos, é como um leve chuvisco que cai semana após semana. As pessoas chegam ao grupo com um grande nível de ansiedade e pretendem encontrar soluções na primeira reunião. O grupo ensina a viver a vida somente por hoje, ou, ainda mais, somente por algumas horas. Quando a dor e o sofrimento são enormes, o futuro parece uma agonia interminável. O telefonema que não acontece, o engano, a traição ou o abandono parecem amplificados quando ampliamos a linha do tempo.

"Quando não sei o que fazer, não faço nada", dirão em coro as integrantes, tentando frear a compulsão e a ação.

As codependentes e as dependentes afetivas não sabem não fazer nada. Passaram toda a vida fazendo coisas, lutando para sobreviver, para se responsabilizar por todos, para agradar e ser complacentes. Não sabem calar. Antecipam-se ao desejo do outro e estão prontas para ajudar, mesmo quando ninguém lhes pede ou, mais ainda, quando a ajuda que oferecem as prejudica financeira, emocional ou fisicamente.

A ajuda à recém-chegada coloca ênfase neste ponto: deter a corrida somente por hoje; não falar, não dizer, não telefonar, não partir, não tentar diálogos intermináveis que podem terminar em escaladas de violência.

Parar para poder pensar. Para que baixe o nível de adrenalina e se possa voltar a assumir o controle sobre si mesma.

Tomar consciência da doença, dizemos nós psicólogos, é o primeiro passo. Ir a um grupo não é necessariamente tomar consciência da doença, mas produz um alívio saber que isso que acontece com você tem um nome e acontece com outras pessoas que lhe falam do que ocorre como se a conhecessem de toda a vida. Uma reação muito comum depois da primeira reunião é o assombro: *Estas mulheres contaram a história da minha vida!*

A recuperação é uma prioridade

O tempo, a dedicação, a energia, o dinheiro e a preocupação investidos numa relação dependente são sempre sem medida. Partindo da sensação de que nunca se alcança nada e de não ser suficientes, tudo o que se faz parece pouco.

Portanto, reservar um pequeno espaço de tempo para um grupo ou para uma terapia parece um ato de alta traição. Muitas vezes, para o companheiro pode parecer ameaçante, por isso os dias de grupo, como os de terapia ou de encontro com familiares ou amigos, são sistematicamente boicotados, às vezes de maneira sutil.

Ah, você vai ao grupo? Vou aproveitar para sair. Vai ao grupo das loucas? Vai se encontrar com aquela amiga que enche a sua cabeça?

Ao voltar, é provável que as crianças não tenham jantado, que a casa esteja um caos ou que o silêncio possa ser cortado com uma tesoura. Pequenos atos extorsivos para fazê-la desistir de qualquer tentativa de seguir em frente.

Recuperação não implica separação. A recuperação não passa por ir embora ou ficar, por mudar de parceiro ou por tomar hoje uma decisão a respeito da relação. As decisões serão tomadas a partir de um estado de bem--estar no qual seja possível escolher como se quer viver.

A recuperação é, em primeiro lugar, recuperar os pedaços de si mesma que se perderam no caminho, recuperar a autenticidade, reconstruir a identidade, fortalecer a autoestima.

Por isso, o exercício de sustentar a participação no grupo semana após semana, vencendo os obstáculos e sabotagens que se interpõem, vai cimentando a confiança e faz cada mulher começar a dar valor ao seu desejo.

Reconhecer as próprias necessidades

As pessoas codependentes não sabem quem são. É o outro que as define, e elas existem em função do que acreditam que o outro deseja.

Desde pequenas, aprenderam a focar a atenção nas necessidades dos demais. Cresceram atentas ao desejo alheio e, ao chegar à idade adulta, continuam perpetuando o modelo. São as mães de todos, mas não sabem como ser as suas próprias mães.

Para reconhecer as próprias necessidades e desejos, primeiro é necessário se conhecer. Convidamos essas mulheres a criar intimidade emocional consigo mesmas.

Trata-se de estar conectada com os próprios registros físicos – de fome, de sono, de dor, de mal-estar – e de começar a traduzi-los e a colocá-los em palavras. Uma codependente tem limites tão inadequados de tolerância à dor emocional e física que não tem registro do que lhe acontece até que seu corpo lhe avise com insistência ou dramaticamente quando já é muito tarde.

Já que se trata de pessoas que naturalizaram a dor, o mal-estar e o incômodo, a primeira tarefa será a de se deter diante desses registros para ver o que eles estão dizendo.

É frequente que, nos primeiros tempos de uma relação amorosa com características dependentes, esses registros sejam passados por alto ou minimizados.

O aparecimento de sensações de dor, angústia ou incômodo nessa etapa pode ser um sinal de advertência de que estão tolerando algo que não desejam.

É importante pensar que uma codependente é como uma pessoa que não tem um sistema imunológico ou tem um sistema deficiente: os seus sinais de alarme não funcionam e os seus mecanismos de autoproteção estão danificados.

Não sabe dizer não, não consegue impor limites, teme que os demais se irritem caso expresse o que pensa e tem uma tolerância patológica.

Diante desse quadro, é altamente vulnerável para aceitar condições que na verdade não deseja em uma relação.

Por outro lado, está muito ocupada em passar no exame e sair-se bem qualificada na avaliação que o outro faz dela.

Essas mulheres não sabem avaliar o que é conveniente para elas quando começam uma relação. Têm tanto medo de que não funcione que escondem, e escondem de si mesmas, aspectos da realidade para que ninguém estrague a festa.

A tarefa da recuperação as transforma em carrascos da idealização e faz com que elas não deixem de estar em contato com a realidade. Em outras palavras: devem estar mais atentas aos fatos do que às palavras e às promessas. Se uma mulher codependente envolve-se com um homem casado ou que não quer se comprometer, ficará mais ligada na promessa de mudança do que na realidade que tem diante dos olhos.

Nesse sentido, os grupos de pares funcionam como um espelho no qual é mais simples – mesmo que, às vezes, doloroso – ver a realidade que se tenta negar. Sem dar conselhos nem opiniões, nem emitir juízos, as integrantes reconhecem as suas histórias, o que por si só funciona como um carrasco do autoengano.

Reconhecer os próprios desejos

Saber o que queremos é parte da construção da identidade. Para as mulheres que cresceram em famílias disfuncionais, parece uma tarefa complicada, pois o desejo próprio sempre se confunde com o desejo do outro. No grupo, quando se pergunta às integrantes o que querem ou desejam, elas têm sérias dificuldades para reconhecer os gostos mais cotidianos. Talvez percebam que nunca comem o que querem, nem na hora que querem, porque predomina o desejo dos outros membros da família, e elas não tinham percebido isso. O mesmo ocorre na hora de planejar uma saída, as férias ou de escolher um programa de TV. Sabem muito bem quais são os gostos de cada integrante da família, mas não conhecem o próprio. Esse comportamento reforça nelas certa ideia de virtuosismo e bondade. Um observador poderia dizer que são altruístas ou generosas ao extremo e que a sua felicidade é o bem comum.

No entanto, a realidade é bem diferente. Esse comportamento pode servir para vitimarem-se e reforçar a ideia de que nunca são levadas em conta. O que provavelmente é certo, mas as primeiras a se abandonar são elas mesmas. Sentem uma culpa desproporcional quando introduzem um desejo diferente daqueles dos seus parceiros. Novamente aparece a ameaça de serem abandonadas caso não cumpram com o modelo da mulher perfeita.

Não ter desejo sexual e recusar um convite do companheiro pode ser vivenciado por elas como a ameaça imediata de que, então, esse homem buscará outra para se satisfazer. Portanto, ativa-se nelas um mecanismo de disponibilidade não desejado. Agem muitas vezes por temor e não por amor.

Nesse caminho, não é estranho que uma codependente, como já dissemos, encontre um homem que saiba explorar bem essa situação e aproveite para manipulá-la conforme o seu capricho. Assim ocorre o encaixe perfeito para que essa modalidade prolongue-se indefinidamente.

Reconhecer os próprios desejos, portanto, é dar-se essa prioridade e modificar a qualidade do que se dá. Dar com prazer e sem medo equivale a não reclamar em seguida, não passar "fatura" nem esperar a reciprocidade. Às vezes, costuma-se pensar que reconhecer os próprios desejos e necessidades transforma uma pessoa num ser egoísta e narcisista. É importante entender que na codependência o que ocorre com dor e desconforto e o que se aguenta e tolera por medo termina por adoecer gravemente a pessoa. O processo de poder escolher o que é oferecido e de negar o que se deseja fazer para satisfazer o outro é, sem dúvida, um dos pontos mais difíceis do trabalho de recuperação.

Lutar contra o mito da má pessoa

O terror de ser apontada como uma má pessoa por se negar a fazer o que não deseja é um obstáculo que traz enormes dificuldades.

Redefinir o que é ser uma boa pessoa será parte do processo, já que as codependentes foram boas para todos, menos para si mesmas. Prejudicaram-se sistematicamente e não encontram a forma de reverter isso sem que apareça o fantasma ameaçador.

Se não lhe custa nada; tudo bem, mas nunca mais lhe peço nada; vou encontrar alguém que não se incomode em fazer isso. E então, a culpa.

É tão fácil desestabilizar uma codependente que nem é preciso palavras: apenas um gesto ou um olhar e a engrenagem é posta em marcha.

Deixar de ser boa, perfeita, disponível cria um caos na própria identidade. Com frequência, as dependentes afetivas descobrem que não sabem como se relacionar de outra forma, porque essa foi a sua técnica de sedução.

Em pouco tempo nesse caminho surgirão as vozes de irritação do entorno: parceiros, filhos, colegas de trabalho e alguns amigos atacarão com críticas, pois a recuperação não lhes será funcional. Entre as sabotagens externas e a vulnerabilidade interna, o caminho irá se complicando até que os demais se adaptem ou, em alguns casos, afastem-se. Há vínculos que não suportam essas mudanças. Estabeleceram-se com base num contrato implícito em que um dá e o outro recebe de uma maneira imutável. Quando um dos integrantes decide mudar o contrato, esses vínculos opõem resistência de forma inexorável.

Nesses casos, as relações passam por um momento de crise, mas logo se restabelecem. São os vínculos mais sadios, em que há espaço para dois e nos quais os desconfortos podem ser falados, discutidos até se chegar ao consenso.

O certo é que, aos sair dos padrões vinculares tóxicos e disfuncionais, o panorama de relações terá mudado: com certeza, haverá menos vínculos, mas sem dúvida melhores. Serão relações em que se poderá dizer não, se falará sobre o que não se gosta e nas quais dar e receber será recíproco.

"Não é possível ser querida por todos o tempo todo", dirá o coro grego grupal. E é verdade. Se isso ocorre, há algo que não está funcionando. É provável que esteja fazendo um esforço para ser complacente.

Abrir mão do controle

Parece estranho que estar em contato com a vulnerabilidade seja um sintoma de recuperação. No entanto, para quem teve de ser perfeita, indestrutível, invulnerável e onipotente durante toda a vida, é um sinal de enorme melhora.

Na recuperação, aprende-se que não é necessário *fazer o melhor que posso, mas o que posso*. O melhor que posso não é um bom parâmetro para uma codependente, pois sempre se esforça e não percebe. Tem, portanto, a sensação de que sempre poderia fazer um pouco melhor.

Quando se cresceu numa família caótica, um dos membros sente que precisa ter o controle. É uma questão de vida ou morte. Controlar que os pais não briguem, ou que não se droguem, ou que não bebam, ou que não gastem o dinheiro compulsivamente e contraiam dívidas.

Talvez seja necessário controlar um pai ou uma mãe depressiva para que não se suicide ou fique doente, ou para que ao menos não esteja sempre chorando.

Talvez tenha que trazer um pouco de alegria ao lar sendo o aluno que tem a melhor nota da escola ou o que mais se destaca nos esportes. Ou cuidar de irmãos com algum problema emocional ou físico.

Ou silenciar o abuso, de qualquer natureza: sexual, emocional ou físico.

Não é simples deixar de controlar. Nas dependências afetivas, o controle equivale a não desgrudar os olhos do parceiro nem um instante. É preciso saber o que o outro faz, aonde vai, com quem está, se ainda a ama, se ainda a deseja, se ele é feliz, por que está triste, o que o angustia.

E mesmo que a atitude controladora seja gerada por esse estado de desassossego e de insegurança provocado por uma história de carência afetiva, também é certo que os vínculos dependentes encaixam-se como as peças de um quebra-cabeça. As dependentes afetivas envolvem-se com homens que convidam ao controle: mentirosos, esquivos, evasivos, distantes, postergadores, viciados, irresponsáveis, infantis.

Elas não podem deixar de cumprir a tarefa para a qual foram programadas, e eles estão acostumados a que alguém faça a tarefa em seu lugar. Parece simples. É um equilíbrio no qual aparentemente ambos têm o que precisam. Mas não. Não esqueçamos que, para uma codependente, o motor é o medo, e para o seu parceiro também. Só que ele não sente: compartilha. E então o delicado equilíbrio rompe-se. Ele cansa de ser controlado. Sente-se asfixiado e distancia-se cada vez mais. Ela assusta-se cada vez mais e aumenta o controle. Redobra a aposta e o persegue desenfreadamente. Isso provoca a cena temida: ele afasta-se, e ela tenta segurá-lo de qualquer forma. Nada é suficiente quando se trata de evitar que a relação seja rompida. Qualquer condição será aceita, mesmo que depois se pague com a humilhação, a submissão ou a vergonha.

Abrir mão do controle é aceitar que as relações não podem ser forçadas, que ninguém muda se não quiser. E, às vezes, ainda que queira, não consegue. E, se consegue, não é de forma mágica. E, se muda, talvez não seja na direção que se queria.

Também implica poder aceitar o que uma relação pode oferecer num determinado momento e não pedir mais. Isso não quer dizer resignação. Trata-se de não negar a realidade.

No lugar de cerrar os punhos e os dentes para resistir e controlar, a recuperação será orientada no caminho contrário: não forçar nada, enfrentar a realidade ainda quando não gostar e submergir na dor. Sem dúvida, será uma dor que terá os dias contados, diferentemente daquela outra, que é uma agonia interminável e frustrante: a de tentar enganar-se, desiludir-se e voltar a se enganar até morrer tentando.

Postergar a resposta

Nas relações dependentes, como em todo o comportamento dependente, tudo se transforma em urgência. Uma vez que não se pode esperar, as pessoas reagem aos estímulos sem passar pela razão para direcionar os seus atos.

Como as dependentes têm o impulso de agradar o outro e não lhes passa pela cabeça que possam dar um NÃO como resposta, com frequência se veem envolvidas em situações indesejadas. Diante de um pedido, de um favor ou de um serviço que pode incluir desde uma demanda profissional até uma exigência familiar, é muito comum que respondam de modo afirmativo e logo se arrependam. Nem adianta dizer que o arrependimento não é um bom argumento para mudarem de opinião. Não se permitem. Se derem a palavra, DEVEM cumprir. Não há lugar para contradições, cismas, dúvidas ou incoerências.

É por esse motivo que, na recuperação, se sugere adiar a resposta. Dar-se um tempo para responder e suportar o espaço da incerteza é uma boa maneira de pensar e armar uma estratégia para poder dizer NÃO ou para concordar com algo, se isso for o que realmente se quer.

As codependentes têm dificuldade para responder "não sei", "tenho que pensar", "vou avaliar melhor e lhe respondo". É muito simples "apressá-las" e direcioná-las para que assumam a urgência do outro.

Esse mecanismo as leva a ficarem presas a problemas financeiros, por emprestar dinheiro ou financiar empreendimentos com os quais não concordam, ou reincidir em situações afetivas que causam dor e das quais querem se afastar.

Uma das integrantes do grupo refere-se a essa estratégia como "montar uma estrutura de demora", uma espécie de freio para a compulsão e de espaço para a razão.

Superar a amnésia seletiva

O protagonista do filme *Memento* sofria de uma severa amnésia que lhe fazia esquecer o que havia ocorrido nos mais recentes momentos da sua vida. Como os doentes de Alzheimer, não havia perdido a memória emocional e sentia sede de vingança pelo crime da sua esposa. Lembrava o acontecimento traumático: sabia que ela havia sido assassinada e que ele procurava o assassino, mas nada além disso. Tudo o que ocorria no presente era apagado da sua mente poucos minutos depois. As estratégias para lembrar incluíam fotografias tiradas instantaneamente com uma Polaroid para reconhecer as pessoas ou os lugares, com anotações no pé da página para lembrar o fato. Também escrevia no corpo ou se tatuava para lembrar pela manhã quem era e o que havia acontecido com ele.

Os vínculos dependentes têm um componente de fantasia tão desproporcional que apagam rapidamente toda a lembrança obscura da relação para ficarem apegados à promessa daquilo que um dia a relação irá lhes oferecer. Existe uma amnésia seletiva: lembram-se dos melhores momentos – em geral, os do primeiro ano de relacionamento, em plena paixão – e esquecem os momentos de dor, de humilhação e de engano. Vou repetir uma vez mais: esquecem. Isso quer dizer que não são elaborados, nem perdoados, nem aceitos. São apagados da história e varridos para debaixo do tapete para a relação poder continuar.

A técnica "memento" poderia ser de grande utilidade. Escrever o que ocorreu ou o que foi dito em momentos de dor e de brigas, conversar sobre isso com uma amiga ou em um grupo de apoio é uma boa maneira de lembrar por que esta relação a feriu ou por que se separou de determinada pessoa.

Nos vícios, fica gravada a marca do prazer que uma determinada substância, pessoa ou comportamento provoca e, em troca, a posterior sensação de ressaca é negada e esquecida.

Quando alguém come compulsivamente e exagera, pouco antes de ingerir o último bocado, vem a culpa, a vergonha e, sobretudo, a sensação de indignidade.

Nas relações dependentes ocorre o mesmo: a alegria pelo reencontro dura o tempo de um suspiro – literalmente – e, em seguida, vem a desilusão e a autorrepreensão: "eu caí de novo", "fiz isso outra vez", "acreditei nele".

É bom ler essas anotações quando terminamos uma relação com tais características. O tempo faz a dor diminuir e tudo que foi vivido parecer menos grave. E ainda mais. Quando tiver a sensação de que você foi responsável por tudo ter saído mal e acreditar que ele vai ser feliz com outra pessoa porque você não soube ser a companheira que ele precisava, volte a ler as anotações. Elas lhe devolverão a objetividade que a embriaguez do seu vício a fez perder.

Acompanhar não é se responsabilizar

É difícil saber qual é o limite sadio do cuidado. Cuidar dos demais é uma tarefa que é funcional e saudável em muitos vínculos em certos momentos da vida.

No entanto, quando o cuidado é excessivo ou não é recíproco, pode chegar a ser uma inevitável fonte de estresse e de dor.

Além disso, envolver-se demais com outras pessoas tampouco ajuda a encontrar os próprios recursos e a avançar no crescimento pessoal.

As dependentes afetivas e, em particular, as codependentes têm a noção do limite do cuidado totalmente deteriorada. Envolvem-se mais do que o aconselhável nas relações e se descuidam de si mesmas.

Nos grupos, trabalha-se lentamente para que cada integrante possa discriminar quais são as suas verdadeiras responsabilidades numa relação e quando parar para que o outro se encarregue daquilo que lhe corresponde.

Sempre surge a pergunta de como sabemos qual é o limite e de quando o processo de dar amor e ajuda se transforma em algo prejudicial.

A resposta quase sempre é a mesma: **o limite é a dor**. Quando dar é um processo saudável e recíproco, dificilmente alguém adoece. E mais: é fonte de prazer e de gratificação.

Contudo, nos vínculos dependentes, o que se dá sempre está desvalorizado e o que se recebe sempre está sobrevalorizado, daí porque as pessoas começam a se esvaziar. Pouco a pouco, sentem o cansaço, a sensação de serem abusadas e a confusão para fixar limites.

Quando as pessoas começam a cuidar de si mesmas, o limite impõe-se como algo natural. Uma pessoa com boa autoestima não precisa pensar muito para dizer não quando algo é demais para ela ou quando sente que está se responsabilizando por coisas que não lhe dizem respeito.

Na recuperação, o cuidado excessivo já não é visto como uma virtude, mas como uma disfunção vincular que precisa ser trabalhada e corrigida para deixar que os outros cresçam com liberdade e para voltar o olhar para si mesma. Do contrário, o sentimento de desamparo e descuido experimentado na infância se repetirá. As mulheres aprendem nos grupos a ser boas mães e pais para si mesmas e a cuidar dos demais dentro de limites saudáveis.

Responsabilidade no lugar da culpa

Nas relações de dependência emocional, o sentimento de culpa é uma constante. Culpa por não ter feito o suficiente, por haver dado aos filhos semelhante pai ou mãe, por não haver sido uma filha carinhosa, por não ter percebido algo antes, por não ter reparado a tempo, por haver suportado tanto, por não dar o devido limite, por ter descuidado da saúde. Enfim, por tudo.

Se algo não funciona na relação, a dependente afetiva sentirá que noventa por cento da culpa é dela. Não esqueçamos que, em muitos casos, estabelecem-se relações com alguém que é refratário à culpa, ou seja, que jamais assume ter cometido um erro e encontra sempre justificativa para a sua conduta em um erro da parceira.

Nos grupos, preferimos falar de responsabilidade. A culpa supõe certo grau de onipotência, como se tivesse sido possível fazer algo e não se fez. E a verdade é que no momento em que as coisas aconteciam é provável que ela ou ele não tenham podido fazer algo diferente.

Portanto, pensar em termos de responsabilidade permite duas coisas: sair do lugar de vítima, que é um lugar um tanto ingênuo, e sentir que é possível assumir certo controle sobre a própria vida para um processo de mudança.

Agora que você sabe o que lhe acontece e que isso tem solução, pode começar a assumir a responsabilidade pela vida que está construindo. Sabemos que o caminho não é fácil, mas até aqui nada foi fácil. Portanto, o momento é de mudar o "não posso" pelo "farei o possível".

Utilizar redes de apoio

As relações dependentes geram vergonha. E a vergonha provoca isolamento. Existe um contrato implícito entre os integrantes do casal: ninguém deve saber. Um contrato que serve, sem dúvidas, a quem tem o domínio e permite perpetuar uma situação de abuso emocional sem que fiquem testemunhas, já que a pessoa que sofre os maus-tratos está disposta a perdoar e a esquecer para evitar o rompimento.

Mas um dia a resistência é quebrada. As dependentes afetivas não vão à terapia nem aos grupos de apoio procurando a sua própria salvação: chegam quando não suportam mais e procuram meios para salvar a relação.

Quando chegam, sentem uma mistura de dor, medo e vergonha. É uma estranha sensação de ambivalência: querem ser ajudadas e, ao mesmo tempo, querem sair correndo. Temem que, ao falar e contar o que ocorre com elas, lhes apontem o dedo e as intimem a abandonar essa relação de forma urgente e definitiva. E, no fundo, não desejam isso. O que desejam é não sentir a dor que sentem e que o outro possa amá-las.

Por isso, os grupos de apoio são tão importantes. As amigas, muitas vezes com boa vontade, dão conselhos e opiniões e forçam uma tomada de decisão para a qual muitas dependentes não estão preparadas. É muito importante nesses casos acompanhar e não julgar. Não se trata de ter um olhar complacente e cúmplice, mas de fazer a pessoa que sofre sentir que a sua dor é legítima e que não está só, seja qual for a decisão que tomar.

Saber que conta com apoio vai lhe dar forças para começar a recuperar a própria identidade e a se reconhecer em seus desejos e limites. Servirá para não ter medo e para reencontrar a sua dignidade.

Recuperar-se de um vínculo dependente não implica necessariamente se separar: o problema não consiste em ir ou ficar, ainda que às vezes o processo leve a tomar alguma decisão nesse sentido.

Trata-se de fugir do lugar da dor emocional nos vínculos. Uma vez que se tenha conseguido sair da vertigem e da sensação gerada pela adrenalina inundando o corpo, aparece um estranho vazio e muita dor. É aí que as redes de contenção fazem o seu trabalho mais eficaz.

Aprender a tolerar o bem-estar

Os vínculos serenos e estáveis deixam espaço para o contato consigo mesma. Já não há tarefas para fazer, nem de que se ocupar, portanto, sobra tempo e energia para o próprio crescimento.

Poderíamos dizer que isso é o natural para uma grande porcentagem de pessoas, mas não o é para uma dependente. Depois de uma vida em que as relações dolorosas foram utilizadas para não se conectar com a dor da própria história, não é simples retomar o caminho do bem-estar.

Existe uma tendência de buscar o pleito para assegurar-se que será eleita novamente. A calma associa-se ao tédio, e o tédio não parece fazer parte da vida: é associado à depressão.

Passa bastante tempo até que se aprenda a desfrutar da calma e da sensação de paz provocada por estar numa relação em que não é preciso ser adivinho porque as coisas são ditas de forma direta.

A sexualidade muda radicalmente. Já não é usada como ferramenta para segurar ninguém nem tem a carga erótica do desafio nem o imperativo de ser a melhor e a mais perfeita.

É uma sexualidade normal. E isso, no princípio, pode ser demolidor. Com o tempo, compreenderá que em uma relação onde reina a amizade e o amor sadio, a sexualidade tem um lugar diferente: profundo, divertido, íntimo.

Como a relação com o prazer esteve tão prejudicada durante anos, vai precisar de um tempo para se permitir desfrutar do seu tempo livre, do seu dinheiro ou do seu trabalho. Irá sentir-se estranha ao estar relaxada com os seus amigos ou ao não ficar inquieta quando ele está com os amigos dele.

Quem teve uma enorme tolerância à dor emocional e empreende um processo de recuperação que modifica esses princípios precisa de um tempo de adaptação para aproveitar aquilo que para outros é totalmente natural. É parecido com o processo de adaptação da imagem corporal para aquelas pessoas que perderam muitos quilos. Olham-se no espelho e não se reconhecem. E quando esse processo for internalizado, sentirá uma reação quase de reflexo diante de situações nas quais a comunicação seja abusiva.

Certamente, sabemos que o vício utiliza numerosos disfarces e fica escondido esperando a menor distração. De forma que deverá cuidar de si mesma, da sua própria onipotência que lhe fará acreditar que desta vez sim poderá mudar a relação que começa. Não é o outro que é preciso temer, mas a negação dos seus próprios sinais.

A esperança

Se algo pode ser percebido com facilidade ao entrar num grupo de apoio é que existe uma esperança.

Os grupos que reúnem pessoas que sofrem o mesmo mal fazem conviver num mesmo espaço o passado, o presente e o futuro.

Quando um novo integrante chega a um grupo, representa o momento atual da doença e isso é muito importante para quem já passou por aquilo porque ajuda a não esquecer e a permanecer atento. Lembremos que a onipotência não é boa conselheira e que o tempo tende a minimizar os riscos.

A antiga integrante reforçará a sua recuperação alentando as novas, e as novas verão nela a possibilidade de um futuro no qual o amor possa ser vivido de forma diferente.

O intercâmbio entre essas instâncias é dinâmico, e a integrante que chega é tão vital quanto a que permaneceu por muito tempo.

Alguns críticos dizem que os grupos de autoajuda trocam uma dependência por outra. Respondo que até agora não vi ninguém morrer ou adoecer por uma overdose de afeto grupal.

Os grupos não são um substituto da terapia psicológica nem de um fármaco. São uma ferramenta diferente que oferece contenção e redes emocionais que podem estar disponíveis todo o tempo e cuja eficácia não passa apenas pelo racional. Trata-se de um complemento válido com o qual nós, profissionais da psicologia, podemos aprender e ao qual podemos recorrer para consolidar a cura.

A esperança é vital para a recuperação de qualquer doença. Mas não se trata apenas de boas intenções nem de promessas vãs. É o resultado de um trabalho diário e comprometido para fazer dos relacionamentos o lugar mais confortável do mundo.

BIBLIOGRAFIA SUGERIDA PARA DEPENDÊNCIAS AFETIVAS

LITERATURA DE AUTOAJUDA

Beattie M. *Co-dependência nunca mais.* Rio de Janeiro: Nova Era, 2007. Tradução de Marília Braga.

Beattie M. *Guía de los doce pasos para codependientes.* México: Promexa, 1998.

Berry C. R. *Cuando ayudarte significa hacerme daño.* Buenos Aires: Javier Vergara Editor, 1990.

Evans P. *Abuso verbal.* Buenos Aires: Javier Vergara Editor, 2000.

Forward, S.; Buck, C. *No se obsesione con el amor.* Grijalbo, 1991.

Halpern, H. *Cómo romper con su adicción a una persona.* Barcelona: Ediciones Obelisco, 2001.

Hirigoyen, M. F. *Assédio moral: a violência perversa no cotidiano.* São Paulo: Bertrand Brasil, 2009. Tradução de Maria Helena Kuhner.

Kiley, D. *El complejo de Wendy.* Buenos Aires: Javier Vergara Editor, 1985.

May, D. *Codependencia.* Bilbao: Editorial Desclée de Brouwer, 2000.

Mellody, P. *La adicción al amor.* Barcelona: Ediciones Obelisco, 1997.

Mellody, R; Miller, A.; Miller, J.K. *La codependencia.* Barcelona: Paidós, 1994.

Norwood, R. *Mulheres que amam demais.* Rio de Janeiro: Rocco, 2011. Tradução de Maria Clara de Biase.

Norwood, R. *Cartas de las mujeres que aman demasiado.* Buenos Aires: Javier Vergara Editor, 1988.

Peele, S.; Brodsky, A. *Love and addiction.* New York: Signet, 1975.

Riso, W. *Amar ou depender.* Porto Alegre: L&PM, 2009. Tradução de Marlova Aseff.

Riso, W. *Ama y no sufras.* Bogotá: Grupo Editorial Norma, 2003.

Riso, W. *Cuestión de dignidad.* Bogotá: Grupo Editorial Norma, 2002.

Riso, W. *Los límites del amor.* Bogotá: Grupo Editorial Norma, 2006.

Russianoff, P. *¿Por qué creo que no soy nada sin un hombre?* Barcelona: Paidós, 1991.

Schaef, A. W. *Recobra tu intimidad.* Madrid: EDAF, 1993.

Schaeffer, B. *Isso é amor ou obsessão?* São Paulo: Loyola, 1999.

Washton, A.; Boundy, D. *Querer no es poder.* Barcelona: Paidós, 1989.

Withfield, C. *Curar a criança interior.* Sintra: Europa-América, 2002.

Literatura científica

Castelló Blasco, J. *Dependencia emocional: características y tratamiento.* Madrid: Alianza Editorial, 2005.

Cermak, T. "Diagnostic Criteria for Codependency". *Journal of Psychoactive Drugs,* 1986.

Coddou, A.; Chadwick, M. *Evolución del concepto de codependencia.* Chile Med, 1999. Disponível em http://www.eradicciones.org.

Delgado, D.; Pérez Gómez, A. *Análisis del fenómeno de la codependencia en familiares de consumidores y no consumidores.* Programa Rumbos, Presidencia de la República de Colombia, 2001.

Esch, T.; Stefano, GB. T. *The Neurobiology of love.* Neuro Endocrinol Lett 2005 Jun; 26 (3), 175-92.

Faur, P. *Codependencia y estrés marital: un enfoque psicoinmunoneuroendocrinológico.* Interpsiquis, 2003.

Faur, P. "¿Quién cuida a los que cuidan? Codependencia y sobrecarga en familiares de enfermos crónicos". *Revista Argentina de Alzheimer,* nº 6, 2005.

Fischer, J.I.; Spann, L.; Crawford, D. "Measuring Codependency". *Alcoholism Treatment Quaterly,* 1991.

Golombek, D. *Sexo, drogas y biología.* Buenos Aires: Siglo XXI editores, 2009.

Guerreschi, C. *New addictions – as novas dependências.* São Paulo: Paulus, 2007.

Kaplan H.; Sadock B. *Sinopsis de Psiquiatría.* Editorial Panamericana, 1999.

Kiecolt-Glaser, J.K.; Glaser, R.; Cacioppo, J.; Malarkey W. "Marital stress: immunologic, neuroendocrine and autonomic correlates". *Annals of the New York Academy of Sciences,* 840, 649-655, 1998.

Kiecolt-Glaser; J.K.; Newton, T. "Marriage and health: his and her". *Psychol Bull,* Volume 127 (4) July 2001.472-503.

Malpartida, C. *Comportamiento del codependiente.* Universidad Peruana Cayetano Heredia. Lima, Perú, 1997.

Mansilla, F. *Codependencia y psicoterapia interpersonal.* Rev. Asoc. Esp. Neurops, 2001.

Mansilla, F. *Un enfoque de la codependencia.* Interpsiquis, 2002.

Meyrialle, C. www.lacodependencia.com.ar.

Sirvent, C. "Las dependencias relacionales: dependencia emocional, codependencia y bidependencia". Primer Symposium Nacional de Adicción en la Mujer.

Valleur, M.; Matysiak JC. *Las nuevas adicciones del siglo XXI*. Barcelona: Editorial Paidós, 2005.

Zeki, S. The Neurobiology of love. FEBS Lett 2007 Jun 12; 581(l4):2575-9 Epub May 8.

Coleção **L&PM** POCKET (Lançamentos mais recentes)

0. **Crime e castigo** – Dostoiévski
1. **Mistério no Caribe** – Agatha Christie
2. **Odisseia (2): Regresso** – Homero
3. **Piadas para sempre (2)** – Visconde da Casa Verde
4. **À sombra do vulcão** – Malcolm Lowry
5(8). **Kerouac** – Yves Buin
6. **E agora são cinzas** – Angeli
7. **As mil e uma noites** – Paulo Caruso
8. **Um assassino entre nós** – Ruth Rendell
9. **Crack-up** – F. Scott Fitzgerald
10. **Do amor** – Stendhal
11. **Cartas do Yage** – William Burroughs e Allen Ginsberg
12. **Striptiras (2)** – Laerte
13. **Henry & June** – Anaïs Nin
14. **A piscina mortal** – Ross Macdonald
15. **Geraldão (2)** – Glauco
16. **Tempo de delicadeza** – A. R. de Sant'Anna
17. **Tiros na noite 2: Medo de tiro** – Dashiell Hammett
18. **Snoopy em Assim é a vida, Charlie Brown! (3)** – Schulz
19. **1954 – Um tiro no coração** – Hélio Silva
20. **Sobre a inspiração poética (Íon) e ...** – Platão
21. **Garfield e seus amigos (8)** – Jim Davis
22. **Odisseia (3): Ítaca** – Homero
23. **A louca matança** – Chester Himes
24. **Factótum** – Bukowski
25. **Guerra e Paz: volume 1** – Tolstói
26. **Guerra e Paz: volume 2** – Tolstói
27. **Guerra e Paz: volume 3** – Tolstói
28. **Guerra e Paz: volume 4** – Tolstói
29(9). **Shakespeare** – Claude Mourthé
30. **Bem está o que bem acaba** – Shakespeare
31. **O contrato social** – Rousseau
32. **Geração Beat** – Jack Kerouac
33. **Snoopy: É Natal! (4)** – Charles Schulz
34. **Testemunha da acusação** – Agatha Christie
35. **Um elefante no caos** – Millôr Fernandes
36. **Guia de leitura (100 autores que você precisa ler)** – Organização de Léa Masina
37. **Pistoleiros também mandam flores** – David Coimbra
638. **O prazer das palavras** – vol. 1 – Cláudio Moreno
639. **O prazer das palavras** – vol. 2 – Cláudio Moreno
640. **Novíssimo testamento: com Deus e o diabo, a dupla da criação** – Iotti
641. **Literatura Brasileira: modos de usar** – Luís Augusto Fischer
642. **Dicionário de Porto-Alegrês** – Luís A. Fischer
643. **Clô Dias & Noites** – Sérgio Jockymann
644. **Memorial de Isla Negra** – Pablo Neruda
645. **Um homem extraordinário e outras histórias** – Tchékhova
646. **Ana sem terra** – Alcy Cheuiche
647. **Adultérios** – Woody Allen

651. **Snoopy: Posso fazer uma pergunta, professora? (5)** – Charles Schulz
652(10). **Luís XVI** – Bernard Vincent
653. **O mercador de Veneza** – Shakespeare
654. **Cancioneiro** – Fernando Pessoa
655. **Non-Stop** – Martha Medeiros
656. **Carpinteiros, levantem bem alto a cumeeira & Seymour, uma apresentação** – J.D.Salinger
657. **Ensaios céticos** – Bertrand Russell
658. **O melhor de Hagar 5** – Dik e Chris Browne
659. **Primeiro amor** – Ivan Turguêniev
660. **A trégua** – Mario Benedetti
661. **Um parque de diversões da cabeça** – Lawrence Ferlinghetti
662. **Aprendendo a viver** – Sêneca
663. **Garfield, um gato em apuros (9)** – Jim Davis
664. **Dilbert (1)** – Scott Adams
666. **A imaginação** – Jean-Paul Sartre
667. **O ladrão e os cães** – Naguib Mahfuz
669. **A volta do parafuso** seguido de **Daisy Miller** – Henry James
670. **Notas do subsolo** – Dostoiévski
671. **Abobrinhas da Brasilônia** – Glauco
672. **Geraldão (3)** – Glauco
673. **Piadas para sempre (3)** – Visconde da Casa Verde
674. **Duas viagens ao Brasil** – Hans Staden
676. **A arte da guerra** – Maquiavel
677. **Além do bem e do mal** – Nietzsche
678. **O coronel Chabert** seguido de **A mulher abandonada** – Balzac
679. **O sorriso de marfim** – Ross Macdonald
680. **100 receitas de pescados** – Sílvio Lancellotti
681. **O juiz e seu carrasco** – Friedrich Dürrenmatt
682. **Noites brancas** – Dostoiévski
683. **Quadras ao gosto popular** – Fernando Pessoa
685. **Kaos** – Millôr Fernandes
686. **A pele de onagro** – Balzac
687. **As ligações perigosas** – Choderlos de Laclos
689. **Os Lusíadas** – Luís Vaz de Camões
690(11). **Átila** – Éric Deschodt
691. **Um jeito tranquilo de matar** – Chester Himes
692. **A felicidade conjugal** seguido de **O diabo** – Tolstói
693. **Viagem de um naturalista ao redor do mundo** – vol. 1 – Charles Darwin
694. **Viagem de um naturalista ao redor do mundo** – vol. 2 – Charles Darwin
695. **Memórias da casa dos mortos** – Dostoiévski
696. **A Celestina** – Fernando de Rojas
697. **Snoopy: Como você é azarado, Charlie Brown! (6)** – Charles Schulz
698. **Dez (quase) amores** – Claudia Tajes
699. **Poirot sempre espera** – Agatha Christie
701. **Apologia de Sócrates** precedido de **Êutifron** e seguido de **Críton** – Platão
702. **Wood & Stock** – Angeli

703. **Striptiras (3)** – Laerte
704. **Discurso sobre a origem e os fundamentos da desigualdade entre os homens** – Rousseau
705. **Os duelistas** – Joseph Conrad
706. **Dilbert (2)** – Scott Adams
707. **Viver e escrever** (vol. 1) – Edla van Steen
708. **Viver e escrever** (vol. 2) – Edla van Steen
709. **Viver e escrever** (vol. 3) – Edla van Steen
710. **A teia da aranha** – Agatha Christie
711. **O banquete** – Platão
712. **Os belos e malditos** – F. Scott Fitzgerald
713. **Libelo contra a arte moderna** – Salvador Dalí
714. **Akropolis** – Valerio Massimo Manfredi
715. **Devoradores de mortos** – Michael Crichton
716. **Sob o sol da Toscana** – Frances Mayes
717. **Batom na cueca** – Nani
718. **Vida dura** – Claudia Tajes
719. **Carne trêmula** – Ruth Rendell
720. **Cris, a fera** – David Coimbra
721. **O anticristo** – Nietzsche
722. **Como um romance** – Daniel Pennac
723. **Emboscada no Forte Bragg** – Tom Wolfe
724. **Assédio sexual** – Michael Crichton
725. **O espírito do Zen** – Alan W.Watts
726. **Um bonde chamado desejo** – Tennessee Williams
727. **Como gostais** seguido de **Conto de inverno** – Shakespeare
728. **Tratado sobre a tolerância** – Voltaire
729. **Snoopy: Doces ou travessuras? (7)** – Charles Schulz
730. **Cardápios do Anonymus Gourmet** – J.A. Pinheiro Machado
731. **100 receitas com lata** – J.A. Pinheiro Machado
732. **Conhece o Mário?** vol.2 – Santiago
733. **Dilbert (3)** – Scott Adams
734. **História de um louco amor** seguido de **Passado amor** – Horacio Quiroga
735.(11).**Sexo: muito prazer** – Laura Meyer da Silva
736.(12).**Para entender o adolescente** – Dr. Ronald Pagnoncelli
737.(13).**Desembarcando a tristeza** – Dr. Fernando Lucchese
738. **Poirot e o mistério da arca espanhola & outras histórias** – Agatha Christie
739. **A última legião** – Valerio Massimo Manfredi
741. **Sol nascente** – Michael Crichton
742. **Duzentos ladrões** – Dalton Trevisan
743. **Os devaneios do caminhante solitário** – Rousseau
744. **Garfield, o rei da preguiça (10)** – Jim Davis
745. **Os magnatas** – Charles R. Morris
746. **Pulp** – Charles Bukowski
747. **Enquanto agonizo** – William Faulkner
748. **Aline: viciada em sexo (3)** – Adão Iturrusgarai
749. **A dama do cachorrinho** – Anton Tchékhov
750. **Tito Andrônico** – Shakespeare
751. **Antologia poética** – Anna Akhmátova
752. **O melhor de Hagar 6** – Dik e Chris Browne
753.(12).**Michelangelo** – Nadine Sautel
754. **Dilbert (4)** – Scott Adams
755. **O jardim das cerejeiras** seguido de **Tio Vâ** – Tchékhov
756. **Geração Beat** – Claudio Willer
757. **Santos Dumont** – Alcy Cheuiche
758. **Budismo** – Claude B. Levenson
759. **Cleópatra** – Christian-Georges Schwentzel
760. **Revolução Francesa** – Frédéric Bluche, Stéph Rials e Jean Tulard
761. **A crise de 1929** – Bernard Gazier
762. **Sigmund Freud** – Edson Sousa e Paulo Enc
763. **Império Romano** – Patrick Le Roux
764. **Cruzadas** – Cécile Morrisson
765. **O mistério do Trem Azul** – Agatha Christie
768. **Senso comum** – Thomas Paine
769. **O parque dos dinossauros** – Michael Crichto
770. **Trilogia da paixão** – Goethe
773. **Snoopy: No mundo da lua! (8)** – Charles Sch
774. **Os Quatro Grandes** – Agatha Christie
775. **Um brinde de cianureto** – Agatha Christie
776. **Súplicas atendidas** – Truman Capote
779. **A viúva imortal** – Millôr Fernandes
780. **Cabala** – Roland Goetschel
781. **Capitalismo** – Claude Jessua
782. **Mitologia grega** – Pierre Grimal
783. **Economia: 100 palavras-chave** – Jean-Pa Betbèze
784. **Marxismo** – Henri Lefebvre
785. **Punição para a inocência** – Agatha Christie
786. **A extravagância do morto** – Agatha Christie
787.(13).**Cézanne** – Bernard Fauconnier
788. **A identidade Bourne** – Robert Ludlum
789. **Da tranquilidade da alma** – Sêneca
790. **Um artista da fome** seguido de **Na colôn penal e outras histórias** – Kafka
791. **Histórias de fantasmas** – Charles Dickens
796. **O Uraguai** – Basílio da Gama
797. **A mão misteriosa** – Agatha Christie
798. **Testemunha ocular do crime** – Agatha Christic
799. **Crepúsculo dos ídolos** – Friedrich Nietzsche
802. **O grande golpe** – Dashiell Hammett
803. **Humor barra pesada** – Nani
804. **Vinho** – Jean-François Gautier
805. **Egito Antigo** – Sophie Desplancques
806.(14).**Baudelaire** – Jean-Baptiste Baronian
807. **Caminho da sabedoria, caminho da paz** – Dalai Lama e Felizitas von Schönborn
808. **Senhor e servo e outras histórias** – Tolstói
809. **Os cadernos de Malte Laurids Brigge** – Rilke
810. **Dilbert (5)** – Scott Adams
811. **Big Sur** – Jack Kerouac
812. **Seguindo a correnteza** – Agatha Christie
813. **O álibi** – Sandra Brown
814. **Montanha-russa** – Martha Medeiros
815. **Coisas da vida** – Martha Medeiros
816. **A cantada infalível** seguido de **A mulher do centroavante** – David Coimbra
819. **Snoopy: Pausa para a soneca (9)** – Charles Schulz

- De pernas pro ar – Eduardo Galeano
- Tragédias gregas – Pascal Thiercy
- Existencialismo – Jacques Colette
- Nietzsche – Jean Granier
- Amar ou depender? – Walter Riso
- Darmapada: A doutrina budista em versos
- J'Accuse...! – a verdade em marcha – Zola
- Os crimes ABC – Agatha Christie
- Um gato entre os pombos – Agatha Christie
- Dicionário de teatro – Luiz Paulo Vasconcellos
- Cartas extraviadas – Martha Medeiros
- A longa viagem de prazer – J. J. Morosoli
- Receitas fáceis – J. A. Pinheiro Machado
- (14).Mais fatos & mitos – Dr. Fernando Lucchese
- (15).Boa viagem! – Dr. Fernando Lucchese
- Aline: Finalmente nua!!! (4) – Adão Iturrusgarai
- Mônica tem uma novidade! – Mauricio de Sousa
- Cebolinha em apuros! – Mauricio de Sousa
- Sócios no crime – Agatha Christie
- Bocas do tempo – Eduardo Galeano
- Orgulho e preconceito – Jane Austen
- Impressionismo – Dominique Lobstein
- Escrita chinesa – Viviane Alleton
- Paris: uma história – Yvan Combeau
- (15).Van Gogh – David Haziot
- Portal do destino – Agatha Christie
- O futuro de uma ilusão – Freud
- O mal-estar na cultura – Freud
- Um crime adormecido – Agatha Christie
- Satori em Paris – Jack Kerouac
- Medo e delírio em Las Vegas – Hunter Thompson
- Um negócio fracassado e outros contos de humor – Tchékhov
- Mônica está de férias! – Mauricio de Sousa
- De quem é esse coelho? – Mauricio de Sousa
- O mistério Sittaford – Agatha Christie
- Manhã transfigurada – L. A. de Assis Brasil
- Alexandre, o Grande – Pierre Briant
- Jesus – Charles Perrot
- Islã – Paul Balta
- Guerra da Secessão – Farid Ameur
- Um rio que vem da Grécia – Cláudio Moreno
- Assassinato na casa do pastor – Agatha Christie
- Manual do líder – Napoleão Bonaparte
- (16).Billie Holiday – Sylvia Fol
- Bidu arrasando! – Mauricio de Sousa
- Os Sousa: Desventuras em família – Mauricio de Sousa
- E no final a morte – Agatha Christie
- Guia prático do Português correto – vol. 4 – Cláudio Moreno
- Dilbert (6) – Scott Adams
- (17).Leonardo da Vinci – Sophie Chauveau
- Bella Toscana – Frances Mayes
- A arte da ficção – David Lodge
- Striptiras (4) – Laerte
- Skrotinhos – Angeli
- Depois do funeral – Agatha Christie
- Radicci 7 – Iotti
- Walden – H. D. Thoreau
- Lincoln – Allen C. Guelzo
- Primeira Guerra Mundial – Michael Howard
- A linha de sombra – Joseph Conrad
- O amor é um cão dos diabos – Bukowski
- Despertar: uma vida de Buda – Jack Kerouac
- (18).Albert Einstein – Laurent Seksik
- Hell's Angels – Hunter Thompson
- Ausência na primavera – Agatha Christie
- Dilbert (7) – Scott Adams
- Ao sul de lugar nenhum – Bukowski
- Maquiavel – Quentin Skinner
- Sócrates – C.C.W. Taylor
- O Natal de Poirot – Agatha Christie
- As veias abertas da América Latina – Eduardo Galeano
- Snoopy: Sempre alerta! (10) – Charles Schulz
- Chico Bento: Plantando confusão – Mauricio de Sousa
- Penadinho: Quem é morto sempre aparece – Mauricio de Sousa
- A vida sexual da mulher feia – Claudia Tajes
- 100 segredos de liquidificador – José Antonio Pinheiro Machado
- Sexo muito prazer 2 – Laura Meyer da Silva
- Os nascimentos – Eduardo Galeano
- As caras e as máscaras – Eduardo Galeano
- O século do vento – Eduardo Galeano
- Poirot perde uma cliente – Agatha Christie
- Cérebro – Michael O'Shea
- O escaravelho de ouro e outras histórias – Edgar Allan Poe
- Piadas para sempre (4) – Visconde da Casa Verde
- 100 receitas de massas light – Helena Tonetto
- (19).Oscar Wilde – Daniel Salvatore Schiffer
- Uma breve história do mundo – H. G. Wells
- A Casa do Penhasco – Agatha Christie
- John M. Keynes – Bernard Gazier
- (20).Virginia Woolf – Alexandra Lemasson
- Peter e Wendy seguido de Peter Pan em Kensington Gardens – J. M. Barrie
- Aline: numas de colegial (5) – Adão Iturrusgarai
- Uma dose mortal – Agatha Christie
- Os trabalhos de Hércules – Agatha Christie
- Kant – Roger Scruton
- A inocência do Padre Brown – G.K. Chesterton
- Casa Velha – Machado de Assis
- Marcas de nascença – Nancy Huston
- Aulete de bolso
- Hora Zero – Agatha Christie
- Morte na Mesopotâmia – Agatha Christie
- Nem te conto, João – Dalton Trevisan
- As aventuras de Huckleberry Finn – Mark Twain
- (21).Marilyn Monroe – Anne Plantagenet
- China moderna – Rana Mitter
- Dinossauros – David Norman
- Louca por homem – Claudia Tajes

940. **Amores de alto risco** – Walter Riso
941. **Jogo de damas** – David Coimbra
942. **Filha é filha** – Agatha Christie
943. **M ou N?** – Agatha Christie
945. **Bidu: diversão em dobro!** – Mauricio de Sousa
946. **Fogo** – Anaïs Nin
947. **Rum: diário de um jornalista bêbado** – Hunter Thompson
948. **Persuasão** – Jane Austen
949. **Lágrimas na chuva** – Sergio Faraco
950. **Mulheres** – Bukowski
951. **Um pressentimento funesto** – Agatha Christie
952. **Cartas na mesa** – Agatha Christie
954. **O lobo do mar** – Jack London
955. **Os gatos** – Patricia Highsmith
956.(22). **Jesus** – Christiane Rancé
957. **História da medicina** – William Bynum
958. **O Morro dos Ventos Uivantes** – Emily Brontë
959. **A filosofia na era trágica dos gregos** – Nietzsche
960. **Os treze problemas** – Agatha Christie
961. **A massagista japonesa** – Moacyr Scliar
963. **Humor do miserê** – Nani
964. **O mundo tem dúvida, inclusive você** – Édison de Oliveira
965. **A dama do Bar Nevada** – Sergio Faraco
969. **O psicopata americano** – Bret Easton Ellis
970. **Ensaios de amor** – Alain de Botton
971. **O grande Gatsby** – F. Scott Fitzgerald
972. **Por que não sou cristão** – Bertrand Russell
973. **A Casa Torta** – Agatha Christie
974. **Encontro com a morte** – Agatha Christie
975.(23). **Rimbaud** – Jean-Baptiste Baronian
976. **Cartas na rua** – Bukowski
977. **Memória** – Jonathan K. Foster
978. **A abadia de Northanger** – Jane Austen
979. **As pernas de Úrsula** – Claudia Tajes
980. **Retrato inacabado** – Agatha Christie
981. **Solanin (1)** – Inio Asano
982. **Solanin (2)** – Inio Asano
983. **Aventuras de menino** – Mitsuru Adachi
984.(16). **Fatos & mitos sobre sua alimentação** – Dr. Fernando Lucchese
985. **Teoria quântica** – John Polkinghorne
986. **O eterno marido** – Fiódor Dostoiévski
987. **Um safado em Dublin** – J. P. Donleavy
988. **Mirinha** – Dalton Trevisan
989. **Akhenaton e Nefertiti** – Carmen Seganfredo e A. S. Franchini
990. **On the Road – o manuscrito original** – Jack Kerouac
991. **Relatividade** – Russell Stannard
992. **Abaixo de zero** – Bret Easton Ellis
993.(24). **Andy Warhol** – Mériam Korichi
995. **Os últimos casos de Miss Marple** – Agatha Christie
996. **Nico Demo: Aí vem encrenca** – Mauricio de Sousa
998. **Rousseau** – Robert Wokler
999. **Noite sem fim** – Agatha Christie
1000. **Diários de Andy Warhol (1)** – Editado por Pat Hackett
1001. **Diários de Andy Warhol (2)** – Editado por Pat Hackett
1002. **Cartier-Bresson: o olhar do século** – Pie Assouline
1003. **As melhores histórias da mitologia: vol.** A.S. Franchini e Carmen Seganfredo
1004. **As melhores histórias da mitologia: vol.** A.S. Franchini e Carmen Seganfredo
1005. **Assassinato no beco** – Agatha Christie
1006. **Convite para um homicídio** – Agatha Chris
1008. **História da vida** – Michael J. Benton
1009. **Jung** – Anthony Stevens
1010. **Arsène Lupin, ladrão de casaca** – Maur. Leblanc
1011. **Dublinenses** – James Joyce
1012. **120 tirinhas da Turma da Mônica** – Mauric de Sousa
1013. **Antologia poética** – Fernando Pessoa
1014. **A aventura de um cliente ilustre** *seguido* O último adeus de Sherlock Holmes – S Arthur Conan Doyle
1015. **Cenas de Nova York** – Jack Kerouac
1016. **A corista** – Anton Tchékhov
1017. **O diabo** – Leon Tolstói
1018. **Fábulas chinesas** – Sérgio Capparelli Márcia Schmaltz
1019. **O gato do Brasil** – Sir Arthur Conan Doyle
1020. **Missa do Galo** – Machado de Assis
1021. **O mistério de Marie Rogêt** – Edgar Allan Pe
1022. **A mulher mais linda da cidade** – Bukowsk
1023. **O retrato** – Nicolai Gogol
1024. **O conflito** – Agatha Christie
1025. **Os primeiros casos de Poirot** – Agatha Christ
1027.(25). **Beethoven** – Bernard Fauconnier
1028. **Platão** – Julia Annas
1029. **Cleo e Daniel** – Roberto Freire
1030. **Til** – José de Alencar
1031. **Viagens na minha terra** – Almeida Garrett
1032. **Profissões para mulheres e outros artigo femininas** – Virginia Woolf
1033. **Mrs. Dalloway** – Virginia Woolf
1034. **O cão da morte** – Agatha Christie
1035. **Tragédia em três atos** – Agatha Christie
1037. **O fantasma da Ópera** – Gaston Leroux
1038. **Evolução** – Brian e Deborah Charlesworth
1039. **Medida por medida** – Shakespeare
1040. **Razão e sentimento** – Jane Austen
1041. **A obra-prima ignorada** *seguido de* Un episódio durante o Terror – Balzac
1042. **A fugitiva** – Anaïs Nin
1043. **As grandes histórias da mitologia greco--romana** – A. S. Franchini
1044. **O corno de si mesmo & outras historietas** – Marquês de Sade
1045. **Da felicidade** *seguido de* Da vida retirada – Sêneca
1046. **O horror em Red Hook e outras histórias** – H. P. Lovecraft
1047. **Noite em claro** – Martha Medeiros
1048. **Poemas clássicos chineses** – Li Bai, Du Fu e Wang Wei
1049. **A terceira moça** – Agatha Christie
1050. **Um destino ignorado** – Agatha Christie

51(26). **Buda** – Sophie Royer
52. **Guerra Fria** – Robert J. McMahon
53. **Simons's Cat: as aventuras de um gato travesso e comilão – vol. 1** – Simon Tofield
54. **Simons's Cat: as aventuras de um gato travesso e comilão – vol. 2** – Simon Tofield
55. **Só as mulheres e as baratas sobreviverão** – Claudia Tajes
57. **Pré-história** – Chris Gosden
58. **Pintou sujeira!** – Mauricio de Sousa
59. **Contos de Mamãe Gansa** – Charles Perrault
60. **A interpretação dos sonhos: vol. 1** – Freud
61. **A interpretação dos sonhos: vol. 2** – Freud
62. **Frufru Rataplã Dolores** – Dalton Trevisan
63. **As melhores histórias da mitologia egípcia** – Carmem Seganfredo e A.S. Franchini
64. **Infância. Adolescência. Juventude** – Tolstói
65. **As consolações da filosofia** – Alain de Botton
66. **Diários de Jack Kerouac – 1947-1954**
67. **Revolução Francesa – vol. 1** – Max Gallo
68. **Revolução Francesa – vol. 2** – Max Gallo
69. **O detetive Parker Pyne** – Agatha Christie
70. **Memórias do esquecimento** – Flávio Tavares
71. **Drogas** – Leslie Iversen
72. **Manual de ecologia (vol.2)** – J. Lutzenberger
73. **Como andar no labirinto** – Affonso Romano de Sant'Anna
74. **A orquídea e o serial killer** – Juremir Machado da Silva
75. **Amor nos tempos de fúria** – Lawrence Ferlinghetti
76. **A aventura do pudim de Natal** – Agatha Christie
78. **Amores que matam** – Patricia Faur
79. **Histórias de pescador** – Mauricio de Sousa
80. **Pedaços de um caderno manchado de vinho** – Bukowski
081. **A ferro e fogo: tempo de solidão (vol.1)** – Josué Guimarães
082. **A ferro e fogo: tempo de guerra (vol.2)** – Josué Guimarães
084(17). **Desembarcando o Alzheimer** – Dr. Fernando Lucchese e Dra. Ana Hartmann
1085. **A maldição do espelho** – Agatha Christie
1086. **Uma breve história da filosofia** – Nigel Warburton
1088. **Heróis da História** – Will Durant
1089. **Concerto campestre** – L. A. de Assis Brasil
1090. **Morte nas nuvens** – Agatha Christie
1092. **Aventura em Bagdá** – Agatha Christie
1093. **O cavalo amarelo** – Agatha Christie
1094. **O método de interpretação dos sonhos** – Freud
1095. **Sonetos de amor e desamor** – Vários
1096. **120 tirinhas do Dilbert** – Scott Adams
1097. **200 fábulas de Esopo**
1098. **O curioso caso de Benjamin Button** – F. Scott Fitzgerald
1099. **Piadas para sempre: uma antologia para morrer de rir** – Visconde da Casa Verde
1100. **Hamlet (Mangá)** – Shakespeare
1101. **A arte da guerra (Mangá)** – Sun Tzu
1104. **As melhores histórias da Bíblia (vol.1)** – A. S. Franchini e Carmen Seganfredo
1105. **As melhores histórias da Bíblia (vol.2)** – A. S. Franchini e Carmen Seganfredo
1106. **Psicologia das massas e análise do eu** – Freud
1107. **Guerra Civil Espanhola** – Helen Graham
1108. **A autoestrada do sul e outras histórias** – Julio Cortázar
1109. **O mistério dos sete relógios** – Agatha Christie
1110. **Peanuts: Ninguém gosta de mim... (amor)** – Charles Schulz
1111. **Cadê o bolo?** – Mauricio de Sousa
1112. **O filósofo ignorante** – Voltaire
1113. **Totem e tabu** – Freud
1114. **Filosofia pré-socrática** – Catherine Osborne
1115. **Desejo de status** – Alain de Botton
1118. **Passageiro para Frankfurt** – Agatha Christie
1120. **Kill All Enemies** – Melvin Burgess
1121. **A morte da sra. McGinty** – Agatha Christie
1122. **Revolução Russa** – S. A. Smith
1123. **Até você, Capitu?** – Dalton Trevisan
1124. **O grande Gatsby (Mangá)** – F. S. Fitzgerald
1125. **Assim falou Zaratustra (Mangá)** – Nietzsche
1126. **Peanuts: É para isso que servem os amigos (amizade)** – Charles Schulz
1127(27). **Nietzsche** – Dorian Astor
1128. **Bidu: Hora do banho** – Mauricio de Sousa
1129. **O melhor do Macanudo Taurino** – Santiago
1130. **Radicci 30 anos** – Iotti
1131. **Show de sabores** – J.A. Pinheiro Machado
1132. **O prazer das palavras – vol. 3** – Cláudio Moreno
1133. **Morte na praia** – Agatha Christie
1134. **O fardo** – Agatha Christie
1135. **Manifesto do Partido Comunista (Mangá)** – Marx & Engels
1136. **A metamorfose (Mangá)** – Franz Kafka
1137. **Por que você não se casou... ainda** – Tracy McMillan
1138. **Textos autobiográficos** – Bukowski
1139. **A importância de ser prudente** – Oscar Wilde
1140. **Sobre a vontade na natureza** – Arthur Schopenhauer
1141. **Dilbert (8)** – Scott Adams
1142. **Entre dois amores** – Agatha Christie
1143. **Cipreste triste** – Agatha Christie
1144. **Alguém viu uma assombração?** – Mauricio de Sousa
1145. **Mandela** – Elleke Boehmer
1146. **Retrato do artista quando jovem** – James Joyce
1147. **Zadig ou o destino** – Voltaire
1148. **O contrato social (Mangá)** – J.-J. Rousseau
1149. **Garfield fenomenal** – Jim Davis
1150. **A queda da América** – Allen Ginsberg
1151. **Música na noite & outros ensaios** – Aldous Huxley
1152. **Poesias inéditas & Poemas dramáticos** – Fernando Pessoa
1153. **Peanuts: Felicidade é...** – Charles M. Schulz
1154. **Mate-me por favor** – Legs McNeil e Gillian McCain
1155. **Assassinato no Expresso Oriente** – Agatha Christie
1156. **Um punhado de centeio** – Agatha Christie

1157. **A interpretação dos sonhos (Mangá)** – Freud
1158. **Peanuts: Você não entende o sentido da vida** – Charles M. Schulz
1159. **A dinastia Rothschild** – Herbert R. Lottman
1160. **A Mansão Hollow** – Agatha Christie
1161. **Nas montanhas da loucura** – H.P. Lovecraft
1162. (28). **Napoleão Bonaparte** – Pascale Fautrier
1163. **Um corpo na biblioteca** – Agatha Christie
1164. **Inovação** – Mark Dodgson e David Gann
1165. **O que toda mulher deve saber sobre os homens: a afetividade masculina** – Walter Riso
1166. **O amor não ar** – Mauricio de Sousa
1167. **Testemunha de acusação & outras histórias** – Agatha Christie
1168. **Etiqueta de bolso** – Celia Ribeiro
1169. **Poesia reunida (volume 3)** – Affonso Romano de Sant'Anna
1170. **Emma** – Jane Austen
1171. **Que seja em segredo** – Ana Miranda
1172. **Garfield sem apetite** – Jim Davis
1173. **Garfield: Foi mal...** – Jim Davis
1174. **Os irmãos Karamázov (Mangá)** – Dostoiévski
1175. **O Pequeno Príncipe** – Antoine de Saint-Exupéry
1176. **Peanuts: Ninguém mais tem o espírito aventureiro** – Charles M. Schulz
1177. **Assim falou Zaratustra** – Nietzsche
1178. **Morte no Nilo** – Agatha Christie
1179. **Ê, soneca boa** – Mauricio de Sousa
1180. **Garfield a todo o vapor** – Jim Davis
1181. **Em busca do tempo perdido (Mangá)** – Proust
1182. **Cai o pano: o último caso de Poirot** – Agatha Christie
1183. **Livro para colorir e relaxar** – Livro 1
1184. **Para colorir sem parar**
1185. **Os elefantes não esquecem** – Agatha Christie
1186. **Teoria da relatividade** – Albert Einstein
1187. **Compêndio da psicanálise** – Freud
1188. **Visões de Gerard** – Jack Kerouac
1189. **Fim de verão** – Mohiro Kitoh
1190. **Procurando diversão** – Mauricio de Sousa
1191. **E não sobrou nenhum e outras peças** – Agatha Christie
1192. **Ansiedade** – Daniel Freeman & Jason Freeman
1193. **Garfield: pausa para o almoço** – Jim Davis
1194. **Contos do dia e da noite** – Guy de Maupassant
1195. **O melhor de Hagar 7** – Dik Browne
1196. (29). **Lou Andreas-Salomé** – Dorian Astor
1197. (30). **Pasolini** – René de Ceccatty
1198. **O caso do Hotel Bertram** – Agatha Christie
1199. **Crônicas de motel** – Sam Shepard
1200. **Pequena filosofia da paz interior** – Catherine Rambert
1201. **Os sertões** – Euclides da Cunha
1202. **Treze à mesa** – Agatha Christie
1203. **Bíblia** – John Riches
1204. **Anjos** – David Albert Jones
1205. **As tirinhas do Guri de Uruguaiana 1** – Jair Kobe
1206. **Entre aspas (vol.1)** – Fernando Eichenberg
1207. **Escrita** – Andrew Robinson
1208. **O spleen de Paris: pequenos poemas em prosa** – Charles Baudelaire
1209. **Satíricon** – Petrônio
1210. **O avarento** – Molière
1211. **Queimando na água, afogando-se na chama** – Bukowski
1212. **Miscelânea septuagenária: contos e poemas** – Bukowski
1213. **Que filosofar é aprender a morrer e outros ensaios** – Montaigne
1214. **Da amizade e outros ensaios** – Montaign
1215. **O medo à espreita e outras histórias** – H.P. Lovecraft
1216. **A obra de arte na era de sua reprodutibilidade técnica** – Walter Benjamin
1217. **Sobre a liberdade** – John Stuart Mill
1218. **O segredo de Chimneys** – Agatha Christie
1219. **Morte na rua Hickory** – Agatha Christie
1220. **Ulisses (Mangá)** – James Joyce
1221. **Ateísmo** – Julian Baggini
1222. **Os melhores contos de Katherine Mansfield** – Katherine Mansfied
1223. (31). **Martin Luther King** – Alain Foix
1224. **Millôr Definitivo: uma antologia de A Bíblia do Caos** – Millôr Fernandes
1225. **O Clube das Terças-Feiras e outras histórias** – Agatha Christie
1226. **Por que sou tão sábio** – Nietzsche
1227. **Sobre a mentira** – Platão
1228. **Sobre a leitura** *seguido do* **Depoimento de Céleste Albaret** – Proust
1229. **O homem do terno marrom** – Agatha Christie
1230. (32). **Jimi Hendrix** – Franck Médioni
1231. **Amor e amizade e outras histórias** – Jane Austen
1232. **Lady Susan, Os Watson e Sanditon** – Jane Austen
1233. **Uma breve história da ciência** – William Bynum
1234. **Macunaíma: o herói sem nenhum caráter** – Mário de Andrade
1235. **A máquina do tempo** – H.G. Wells
1236. **O homem invisível** – H.G. Wells
1237. **Os 36 estratagemas: manual secreto da arte da guerra** – Anônimo
1238. **A mina de ouro e outras histórias** – Agatha Christie
1239. **Pic** – Jack Kerouac
1240. **O habitante da escuridão e outros contos** – H.P. Lovecraft
1241. **O chamado de Cthulhu e outros contos** – H.P. Lovecraft
1242. **O melhor de Meu reino por um cavalo!** – Edição de Ivan Pinheiro Machado
1243. **A guerra dos mundos** – H.G. Wells
1244. **O caso da criada perfeita e outras histórias** – Agatha Christie
1245. **Morte por afogamento e outras histórias** – Agatha Christie
1246. **Assassinato no Comitê Central** – Manuel Vázquez Montalbán
1247. **O papai é pop** – Marcos Piangers

48. **O papai é pop 2** – Marcos Piangers
49. **A mamãe é rock** – Ana Cardoso
50. **Paris boêmia** – Dan Franck
51. **Paris libertária** – Dan Franck
52. **Paris ocupada** – Dan Franck
53. **Uma anedota infame** – Dostoiévski
54. **O último dia de um condenado** – Victor Hugo
55. **Nem só de caviar vive o homem** – J.M. Simmel
56. **Amanhã é outro dia** – J.M. Simmel
57. **Mulherzinhas** – Louisa May Alcott
58. **Reforma Protestante** – Peter Marshall
59. **História econômica global** – Robert C. Allen
60. (33). **Che Guevara** – Alain Foix
61. **Câncer** – Nicholas James
62. **Akhenaton** – Agatha Christie
63. **Aforismos para a sabedoria de vida** – Arthur Schopenhauer
64. **Uma história do mundo** – David Coimbra
65. **Ame e não sofra** – Walter Riso
66. **Desapegue-se!** – Walter Riso
67. **Os Sousa: Uma família do barulho** – Mauricio de Sousa
68. **Nico Demo: O rei da travessura** – Mauricio de Sousa
69. **Testemunha de acusação e outras peças** – Agatha Christie
70. (34). **Dostoiévski** – Virgil Tanase
71. **O melhor de Hagar 8** – Dik Browne
72. **O melhor de Hagar 9** – Dik Browne
73. **O melhor de Hagar 10** – Dik e Chris Browne
74. **Considerações sobre o governo representativo** – John Stuart Mill
75. **O homem Moisés e a religião monoteísta** – Freud
276. **Inibição, sintoma e medo** – Freud
277. **Além do princípio de prazer** – Freud
278. **O direito de dizer não!** – Walter Riso
279. **A arte de ser flexível** – Walter Riso
280. **Casados e descasados** – August Strindberg
281. **Da Terra à Lua** – Júlio Verne
282. **Minhas galerias e meus pintores** – Kahnweiler
283. **A arte do romance** – Virginia Woolf
284. **Teatro completo v. 1: As aves da noite** *seguido de* **O visitante** – Hilda Hilst
285. **Teatro completo v. 2: O verdugo** *seguido de* **A morte do patriarca** – Hilda Hilst
286. **Teatro completo v. 3: O rato no muro** *seguido de* **Auto da barca de Camiri** – Hilda Hilst
287. **Teatro completo v. 4: A empresa** *seguido de* **O novo sistema** – Hilda Hilst
289. **Fora de mim** – Martha Medeiros
290. **Divã** – Martha Medeiros
291. **Sobre a genealogia da moral: um escrito polêmico** – Nietzsche
292. **A consciência de Zeno** – Italo Svevo
293. **Células-tronco** – Jonathan Slack
294. **O fim do ciúme e outros contos** – Proust
295. **A jangada** – Júlio Verne
296. **A ilha do dr. Moreau** – H.G. Wells
1297. **Ninho de fidalgos** – Ivan Turguêniev
1298. **Jane Eyre** – Charlotte Brontë
1299. **Sobre gatos** – Bukowski
1300. **Sobre o amor** – Bukowski
1301. **Escrever para não enlouquecer** – Bukowski
1302. **222 receitas** – J. A. Pinheiro Machado
1303. **Reinações de Narizinho** – Monteiro Lobato
1304. **O Saci** – Monteiro Lobato
1305. **Memórias da Emília** – Monteiro Lobato
1306. **O Picapau Amarelo** – Monteiro Lobato
1307. **A reforma da Natureza** – Monteiro Lobato
1308. **Fábulas** *seguido de* **Histórias diversas** – Monteiro Lobato
1309. **Aventuras de Hans Staden** – Monteiro Lobato
1310. **Peter Pan** – Monteiro Lobato
1311. **Dom Quixote das crianças** – Monteiro Lobato
1312. **O Minotauro** – Monteiro Lobato
1313. **Um quarto só seu** – Virginia Woolf
1314. **Sonetos** – Shakespeare
1315. (35). **Thoreau** – Marie Berthoumieu e Laura El Makki
1316. **Teoria da arte** – Cynthia Freeland
1317. **A arte da prudência** – Baltasar Gracián
1318. **O louco** *seguido de* **Areia e espuma** – Khalil Gibran
1319. **O profeta** *seguido de* **O jardim do profeta** – Khalil Gibran
1320. **Jesus, o Filho do Homem** – Khalil Gibran
1321. **A luta** – Norman Mailer
1322. **Sobre o sofrimento do mundo e outros ensaios** – Schopenhauer
1323. **Epidemiologia** – Rodolfo Saracci
1324. **Japão moderno** – Christopher Goto-Jones
1325. **A arte da meditação** – Matthieu Ricard
1326. **O adversário secreto** – Agatha Christie
1327. **Pollyanna** – Eleanor H. Porter
1328. **Espelhos** – Eduardo Galeano
1329. **A Vênus das peles** – Sacher-Masoch
1330. **O 18 de brumário de Luís Bonaparte** – Karl Marx
1331. **Um jogo para os vivos** – Patricia Highsmith
1332. **A tristeza pode esperar** – J.J. Camargo
1333. **Vinte poemas de amor e uma canção desesperada** – Pablo Neruda
1334. **Judaísmo** – Norman Solomon
1335. **Esquizofrenia** – Christopher Frith & Eve Johnstone
1336. **Seis personagens em busca de um autor** – Luigi Pirandello
1337. **A Fazenda dos Animais** – George Orwell
1338. **1984** – George Orwell
1339. **Ubu Rei** – Alfred Jarry
1340. **Sobre bêbados e bebidas** – Bukowski
1341. **Tempestade para os vivos e para os mortos** – Bukowski
1342. **Complicado** – Natsume Ono
1343. **Sobre o livre-arbítrio** – Schopenhauer
1344. **Uma breve história da literatura** – John Sutherland
1345. **Você fica tão sozinho às vezes que até faz sentido** – Bukowski

lepmeditores
www.lpm.com.br
o site que conta tudo

IMPRESSÃO:

PALLOTTI
GRÁFICA

Santa Maria - RS | Fone: (55) 3220.4500
www.graficapallotti.com.br